通常の学級でやさしい学び支援

# 改訂 読み書きが苦手な子どもへの〈漢字〉支援ワーク

令和６年度版 教科書対応

光村図書
６年

◇ **読めた！書けた！**漢字って簡単でおもしろい！
◇ 漢字の特徴をとらえた**新しいアプローチ！**
◇ **教科書**の新出漢字が楽しく学習できる**ワークプリント集**

竹田契一 監修　村井敏宏・中尾和人 著

明治図書

# はじめに

平成十九年から全国の小中学校で一斉に開始された特別支援教育。それは、子どもたち一人ひとりがどこでつまずいているのかをしっかり把握し、その子の学び方に応じて支援をしていくという新しい教育プログラムのスタートでした。中でも読み書きが苦手な子どもたちへどのように支援していくかが大きな課題でもありました。

しかし発達障害が背景にある読み書きが苦手な子どもの場合、単なるケアレスミス、うっかりミスで出来ないのではなく、聴く力では音韻認識の弱さ、見る力では視空間処理の弱さなど大脳機能が関係する中枢神経系の発育のアンバランスが原因であることが多いのが特徴です。この場合、「ゆっくり、繰り返し教える」という学校、家庭で使われている一般的な方法では、その効果に限界がみられます。

この〈漢字〉支援ワークは新しい教科書に合わせた内容になっており、しかも教室で教わる順番に漢字学習ができるようにセットされています。またこのワークは著者の村井敏宏、中尾和人両先生方のことばの教室での長年の経験を通して子どもたちの認知特性に合わせた貴重な指導プログラムの集大成となっています。左記のような「つまずき特性」を持った子どもに対してスモールステップで丁寧に教える〈漢字〉支援のワークシートとなっています。ぜひご活用ください。

1. 読みが苦手で、読みから漢字を思い出しにくい。
2. 形を捉える力が弱く、漢字の形をバランス良く書けない。
3. 「視機能、見る力」が弱く、漢字の細かな形が捉えられない。
4. 多動性・衝動性があるため、漢字をゆっくり丁寧に書くことが苦手。
5. 不注意のために、漢字を正確に覚えられず、形が少し違う漢字を書いてしまう。

漢字が苦手な子どもは、繰り返し書いて練習するだけでは覚えていけません。一人ひとりの特性に応じた練習方法があります。〈漢字〉支援ワークを使ってつまずきに応じた練習をすることにより、自分の弱点の「気づき」につながり、「やる気」を促します。

読み書きが苦手な子どもが最後に「やった、できた」という達成感を得ることが出来ることを願っています。

監修者　竹田契一

# もくじ

## 3学期（教科書　光村図書6年・196～243ページ）　95

朗胸片劇将皇后陛憲党閣革宗垂層磁操補担姿討
専潮針穴灰奮済



## 答え



＊本書の構成は、光村図書出版株式会社の教科書を参考にしています。
＊教材プリントは、自由にコピーして教室でお使いください。
＊学習者に応じて**A4サイズに拡大**して使用することをおすすめします。

# ワークシートの使い方

この本には、『通常の学級でやさしい学び支援3、4巻　読み書きが苦手な子どもへの〈漢字〉支援ワーク』に掲載されている4種類のワークについて、6年生の教科書で教わる191字の漢字すべてを収録しています。

## 1 かくれたパーツをさがせ

字の一部が隠された漢字を見て、正しい部首やパーツを書き入れるワークです。「『段』につく『るまた』は『たたく』の意味がある」など、部首の意味や形にも注目して書いていけるように支援してください。思い出しにくい場合には、8ページの「漢字パーツ」表を拡大して見せて、いくつかの中から選ばせることも有効な支援です。

下の文章には、問題の漢字だけでなく、既習の漢字も書き入れるワークになっています。

## 2 漢字足し算

2～4個の部首やパーツを組み合わせてできる漢字を考えさせるワークです。

部首やパーツの数が多くなると、その配置もいろいろな組み合わせが出てきます。部首やパーツは筆順通りに並んでいるので、書くときのヒントにしてください。わかりにくい場合には、□を点線で区切って配置のヒントを出してあげてください(左図)。

配置のヒント例

漢字を書いた後に、「『きへん』の横に『くさかんむり』『日』『大』で『模型のモ』」のように式と答えを唱えさせるとよいでしょう。

## 3 足りないのはどこ（形をよく見て）

部分的に消えている熟語の足りない部分を見つけて、正しく書いていくワークです。（一部、熟語ではないものも含まれています。）

熟語の漢字の両方に足りない部分があります。線の数や細かい部分にも注意させてください。読みの苦手な子どもには、自分で書いた熟語だけを見せて、読みの練習もさせるとよいでしょう。

子どもによっては知らない熟語も含まれています。子どもに意味を説明させたり、どんな風に使われるかの例を示してあげることも語いを増やしていくことにつながります。

熟語として漢字を覚えていくことは、読解の力をつけるとともに、生活に活きることばの学習につながります。

## 4 漢字を入れよう

文を読み、文脈から漢字を推測して書いていくワークです。

漢字の読み方は文章の流れで決まってきます。そのため、文章を読む力が漢字の読みの力につながってきます。

ワークの左端には、□に入る漢字をヒントとして載せています。はじめはヒントの部分を折って、見ないで書かせましょう。また、漢字が苦手な子にはヒントを見せて選んで書く練習をするなど、子どものつまずきに合わせて使い分けてください。

# 漢字パーツ　6年生

| | |
|---|---|
| 亻 | ぎょうにんべん |
| 阝 | こざとへん |
| 丬 | しょうへん |
| 扌 | てへん |
| 月 | にくづき |
| 衤 | ころもへん |
| 禾 | のぎへん |
| 米 | こめへん |
| 金 | かねへん |
| 乚 | おつ |
| 几 | つくえ |
| 卩 | ふしづくり |
| 刂 | りっとう |
| 幺 | いとがしら |
| 阝 | おおざと |
| 己 | おのれ |
| 寸 | すん |
| 尢 | だいのまげあし |
| 巾 | はば |
| 欠 | あくび |
| 攵 | のぶん・ぼくにょう |
| 殳 | るまた |
| 疋 | ひき |
| 豕 | いのこ・ぶた |
| 隹 | ふるとり |
| 頁 | おおがい |
| 𠆢 | ひとやね |
| 罒 | あみがしら |
| 耂 | おいかんむり |
| 穴 | あなかんむり |
| ⺮ | たけかんむり |
| 勹 | つつみがまえ |
| 戈 | ほこがまえ |
| 厂 | がんだれ |
| 尸 | しかばね |
| 广 | まだれ |
| 疒 | やまいだれ |
| 廴 | えんにょう |
| 辶 | しんにょう |

# 1学期

# かくれたパーツをさがせ　1

名前

かくれたパーツをさがして、完成させよう。

① □見《シ》
□《してん》を□《か》える。

② □少《すな》
□《すなば》で□《あそ》ぶ。

③ □复《はら》
□《はら》が□《た》つ□《はなし》。

④ □《ダン》
□《ぶんしょう》の□《だんらく》。

⑤ □並□《なら(べる)》
□《なら》べ□《かた》を□《かんが》える。

⑥ □夅《お(りる)》
□《えき》で□《お》りる。

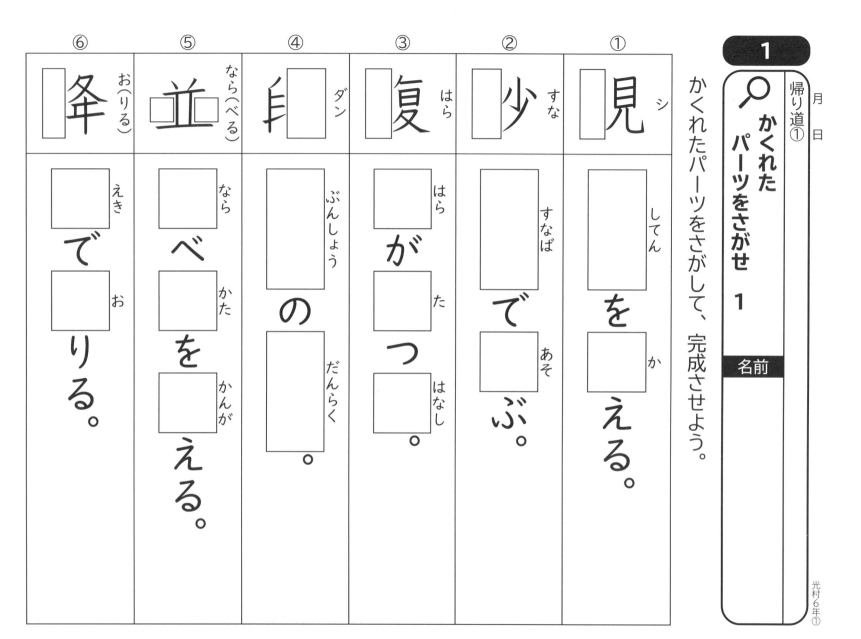

月　日

帰り道②

# 2

## かくれたパーツをさがせ　2

名前

かくれたパーツをさがして、完成させよう。

① □忍《みと(める)》

□《じつりょく》を□《みと》める。

② □先《セン》

□《せいけつ》な□《せんめんじょ》。

③ 異《イ》

□《とくい》な□《さいのう》。

④ □屯《ジュン》

□《たんじゅん》な□《けいさん》。

⑤ 身□《い(る)》

□《や》を□《い》る。

⑥ 北□《ハイ》

□《しゃしん》の□《はいけい》。

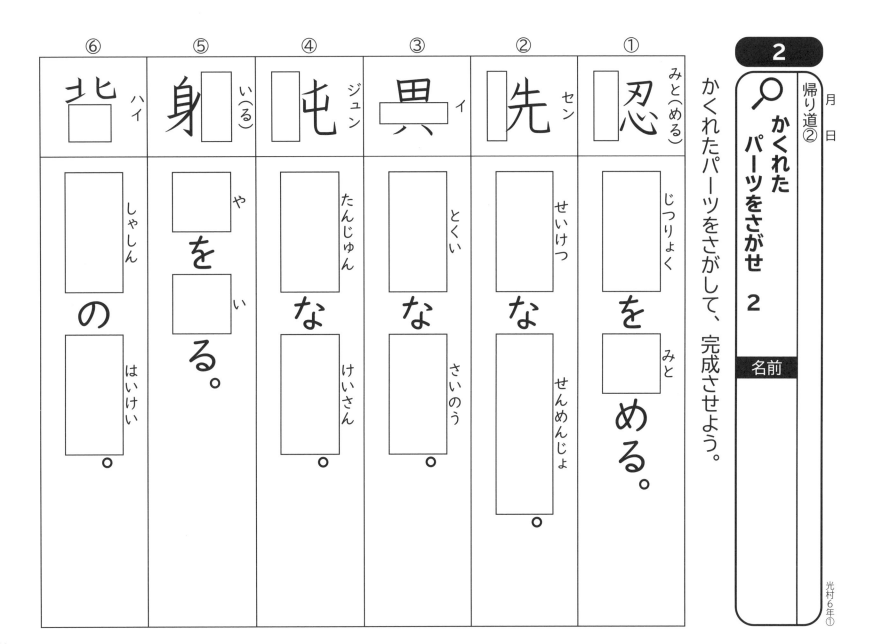

**3**

月　日

帰り道③／公共図書館を活用しよう①

# かくれたパーツをさがせ　3

名前

かくれたパーツをさがして、完成させよう。

① □舎　す（てる）
ごみ□《す》て□《きんし》。

② 千（下に□）　した
□《した》を□《だ》す。

③ 舌□　ラン
□《みんぞく》の□《はんらん》。

④ 域（中に□）　イキ
□《ちいき》や□《しゃかい》。

⑤ □志　シ
□《ざっし》の□《ひょうし》。

⑥ □央　エイ・うつ（す）
□《えいが》を□《うつ》す。

光村6年①

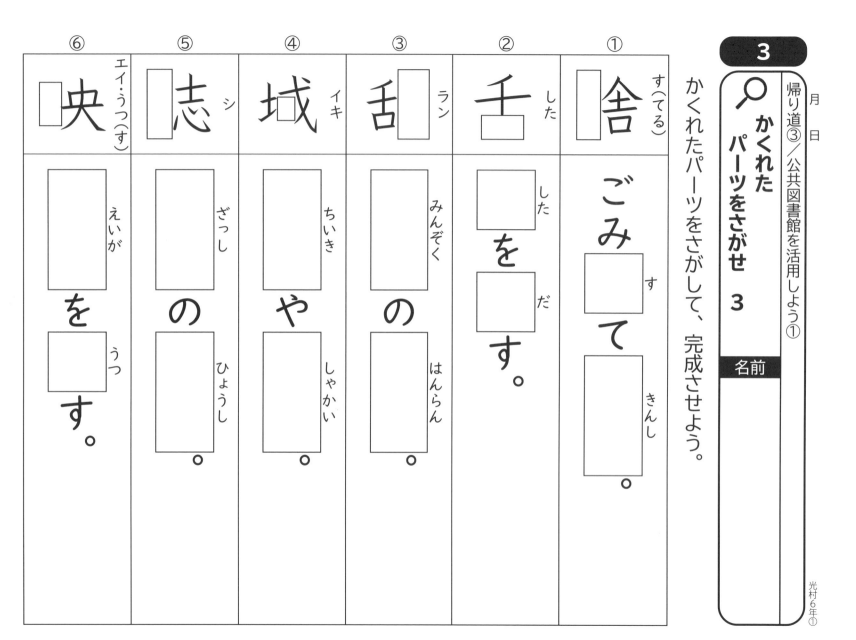

# 4

## かくれたパーツをさがせ　4

名前

かくれたパーツをさがして、完成させよう。

① □広《カク》

□《ひろば》の□《かくちょう》。

② 展□《テン》

□《てんじ》の□《ないよう》。

③ 蔵□《ゾウ》

お□《じぞうさま》

④ □方《たず(ねる)》

□《がいこく》を□《たず》ねる。

⑤ 手□《われ》

□《われ》は□《うみ》の□《こ》。

⑥ 承□《ショウ》

□《でんしょう》□《あそ》び

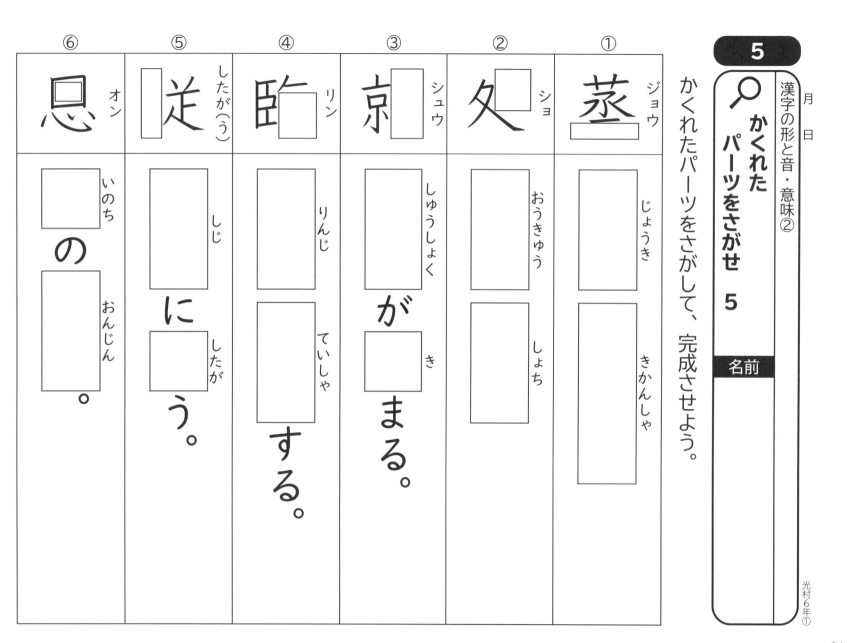

漢字の形と音・意味②

月　日

# かくれたパーツをさがせ　5

名前

かくれたパーツをさがして、完成させよう。

① □《ジョウ》

□《じょうき》□《きかんしゃ》

② □《ショ》

□《おうきゅう》□《しょち》

③ □《シュウ》

□《しゅうしょく》が□《き》まる。

④ □《リン》

□《りんじ》□《ていしゃ》する。

⑤ □《したが(う)》

□《しじ》に□《したが》う。

⑥ □《オン》

□《いのち》の□《おんじん》。

6

月　日

漢字の形と音・意味③

## かくれたパーツをさがせ　6

名前

かくれたパーツをさがして、完成させよう。

①
□戈（サイ）

□《さいばんしょ》の□《けんがく》。

②
□聿（リツ）

□《ほうりつ》を□《まも》る。

③
□㐫（ノウ）

□《のうは》を□《しら》べる。

④
□蔵（ゾウ）

□《しんぞう》と□《けつえき》。

⑤
□昜（チョウ）

□《だいちょう》が□《わる》い。

⑥
□市（ハイ）

□《はい》の□《びょうき》。

光村6年①

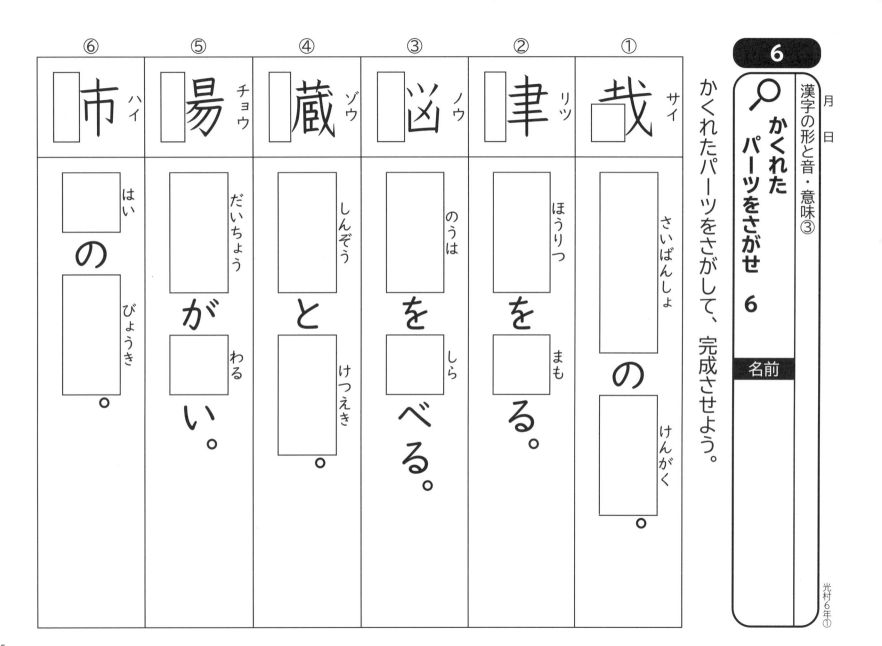

月　日

漢字の形と音・意味④／笑うから楽しい／時計の時間と心の時間①

**7**

# かくれたパーツをさがせ　7

名前

かくれたパーツをさがして、完成させよう。

① 田＋□（イ）
□《いぐすり》を□《の》む。

② □＋ム（シ）
□《しご》を□《きん》じる。

③ 宓＋□（ミツ）
□《みっせつ》な□《かんけい》。

④ □＋乎（コ）
□《てんこ》をとる。

⑤ □＋及（す（う））
□《いき》を□《す》う。

⑥ 𠂇＋□（ソン）
□《にんげん》の□《そんざい》。

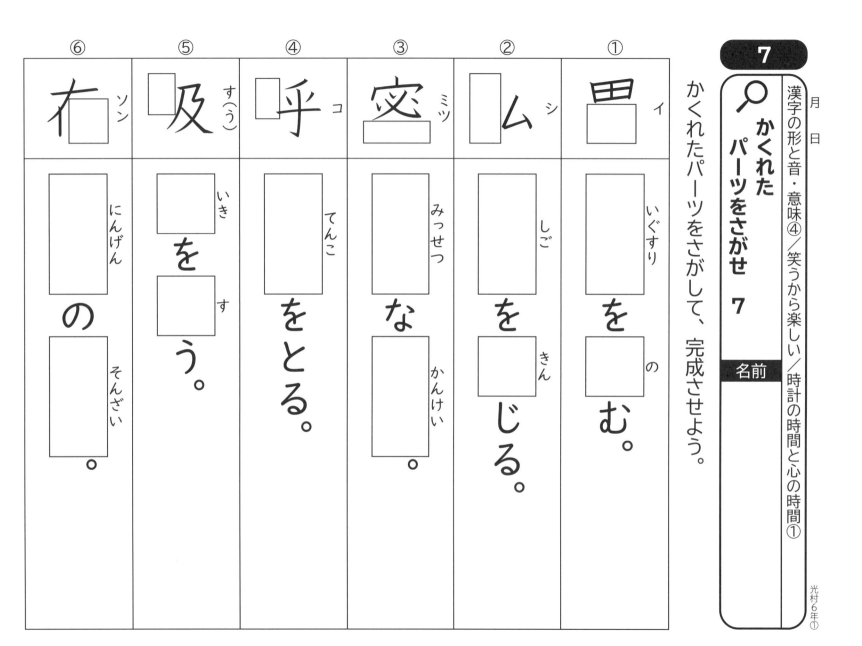

月　日

笑うから楽しい／時計の時間と心の時間②

# 8 かくれたパーツをさがせ 8

名前

かくれたパーツをさがして、完成させよう。

① 亥□（きざ（む））
□《こころ》に□《きざ》む。

② 氵白方□（はげ（しい））
□《はげ》しく□《なが》れる。

③ □間（カン）
□《かんたん》な□《ぶんしょう》。

④ □几（つくえ）
□《きょうしつ》の□《つくえ》。

⑤ 莫□（むずか（しい））
□《むずか》しい□《しごと》。

⑥ 匕マ矢□（うたが（う））
□《ひと》を□《うたが》う。

光村6年①

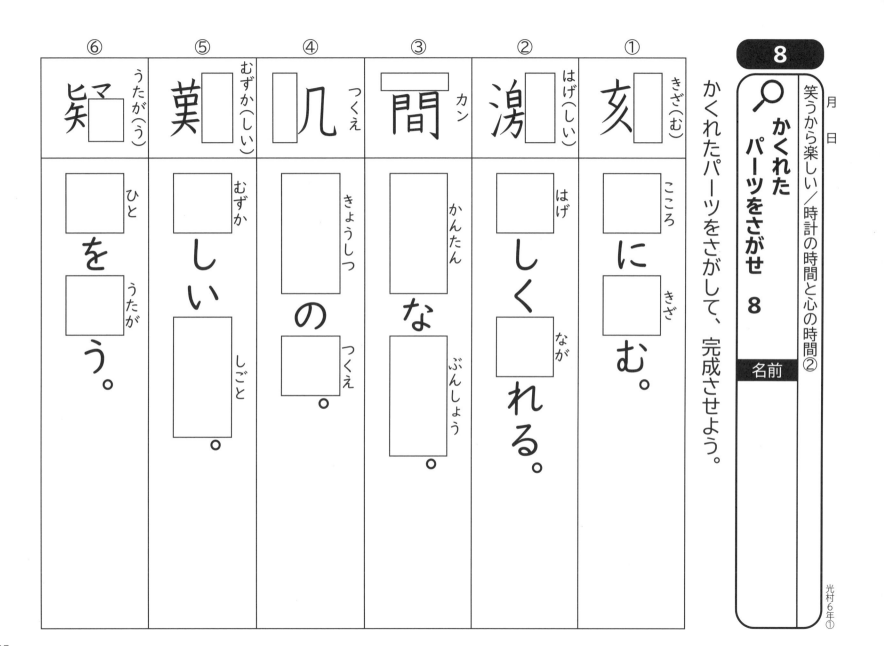

9

文の組み立て①

月　日

## かくれたパーツをさがせ　9

名前

かくれたパーツをさがして、完成させよう。

① 龹□《ケン》

□《しょっけん》を□《か》う。

② 阝立□《ショウ》

□《しょうじ》を□《は》る。

③ □𠂢《ハ》

□《りっぱ》な□《えんぜつ》。

④ 敬□《ケイ》

□《たてもの》の□《けいび》。

⑤ □者《ショ》

□《しょめい》を□《あつ》める。

⑥ □戋《セン》

□《せんとう》に□《い》く。

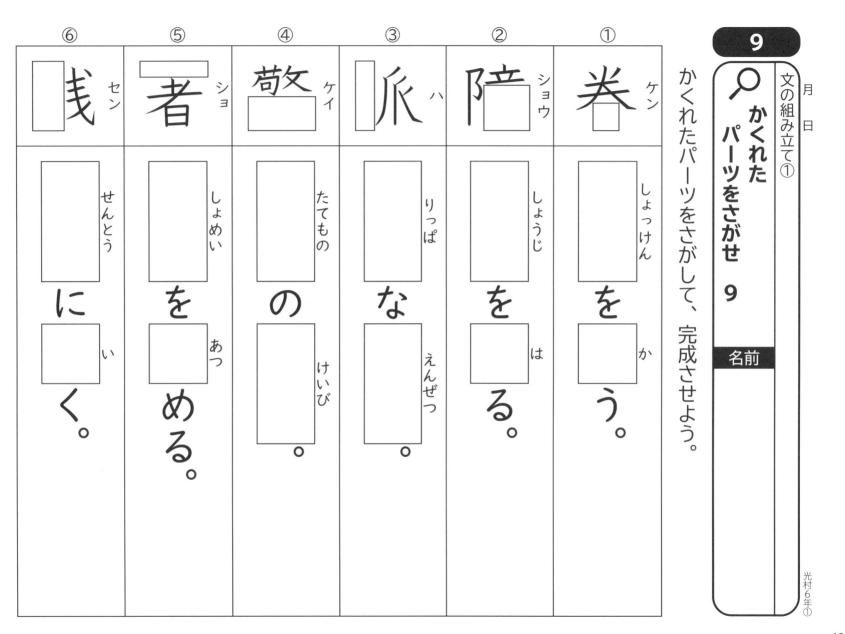

# 10

月　日

文の組み立て②

## かくれたパーツをさがせ 10

名前

かくれたパーツをさがして、完成させよう。

①
菫□　キン

□《かいしゃ》に□《しゅっきん》する。

②
□者　ショ

□《せかい》□《しょこく》

③
□共　そな(える)

□《はか》に□《はな》を□《そな》える。

④
丩□　おさ(める)

□《せいこう》を□《おさ》める。

⑤
□内　おさ(める)

□《しょうひん》を□《おさ》める。

⑥
木□　マイ

□《にまい》の□《しゃしん》。

光村6年①

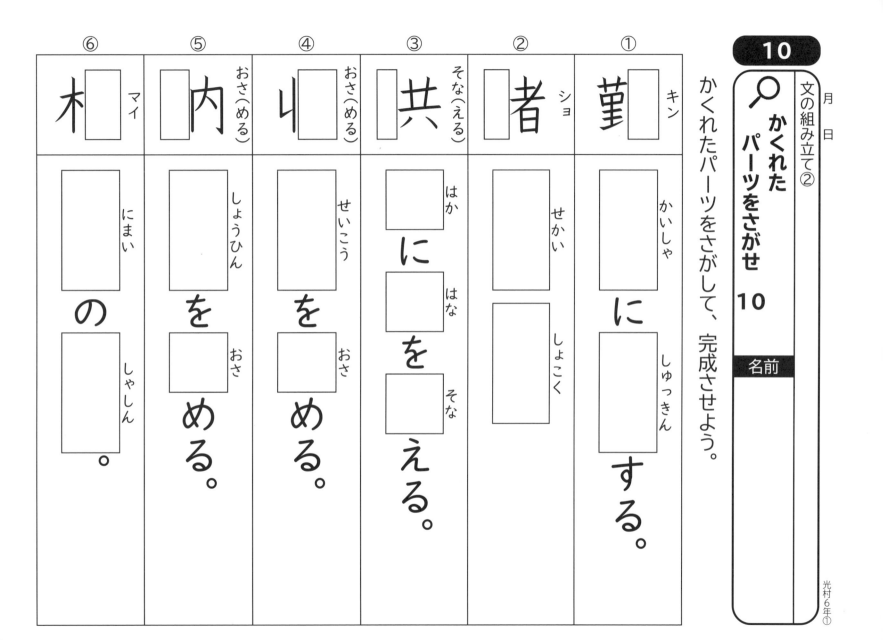

# かくれたパーツをさがせ 11

文の組み立て③／たのしみは／天地の文

月　日

名前

かくれたパーツをさがして、完成させよう。

① 氿□ そ(める)
□《ま》っ□《か》に□《そ》める。

② □亘 セン
□《へいわ》の□《せんげん》。

③ 暮 く(らす)
□《むかし》の□《く》らし。

④ □罙 さが(す)
□《ともだち》を□《さが》す。

⑤ 广□ ザ
□《ざせき》を□《ふ》やす。

⑥ □力 おさな(い)
□《おさな》い□《おとうと》。

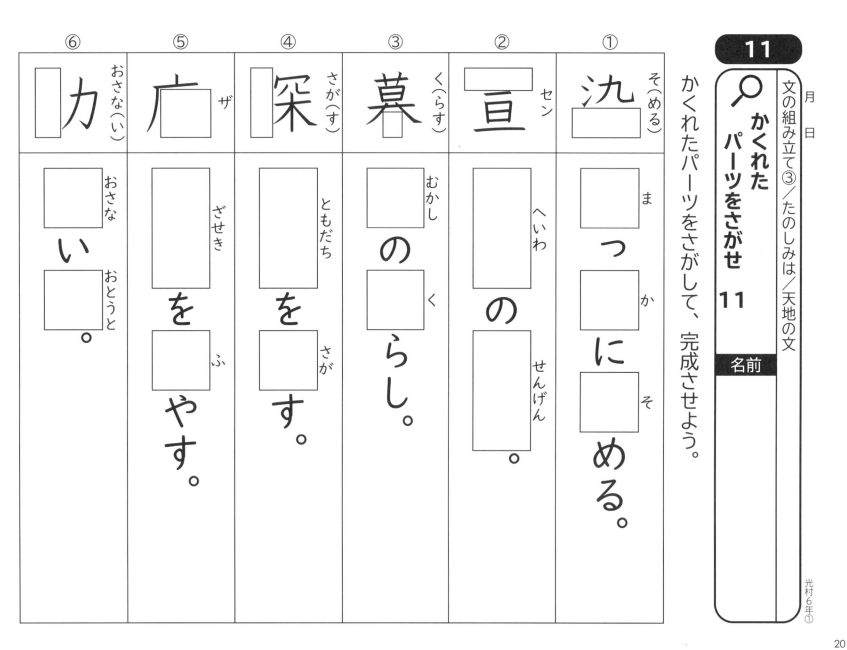

月　日

デジタル機器と私たち／私と本／星空をとどけたい①

12

# かくれたパーツをさがせ 12

名前

かくれたパーツをさがして、完成させよう。

| | 漢字 | 読み | 文 |
|---|---|---|---|
| ① | □者 | チョ | □《しょうせつ》の□《ちょしゃ》。 |
| ② | □隹 | ケン | □《けんり》と□《ぎむ》。 |
| ③ | 酋□ | とうと（い） | □《とうと》い□《かみ》。 |
| ④ | 广□ | チョウ | □《しちょうしゃ》の□《あんない》。 |
| ⑤ | 装□ | ソウ | □《とざん》の□《そうび》。 |
| ⑥ | 尸□ | とど（く） | □《こころ》に□《とど》く。 |

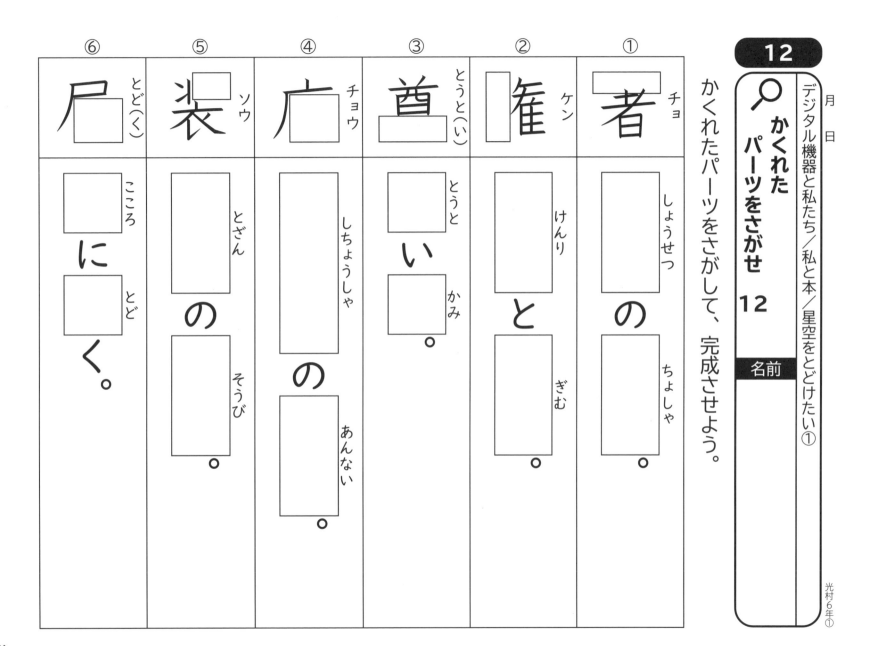

13

月　日

私と本／星空を届けたい②

# かくれたパーツをさがせ 13

名前

かくれたパーツをさがして、完成させよう。

① □㕣（エン）
□《えんがん》
□《ぎょぎょう》

② 冊（サツ）
□《ほん》を□《さんさつ》□《か》りる。

③ □于（ウ）
□《うちゅう》
□《ひこうし》

④ □由（チュウ）
三回□《ちゅうがえ》り

⑤ □非（ハイ）
□《たんか》と□《はいく》。

⑥ □呉（ゴ）
□《ごじ》を□《み》つける。

光村6年①

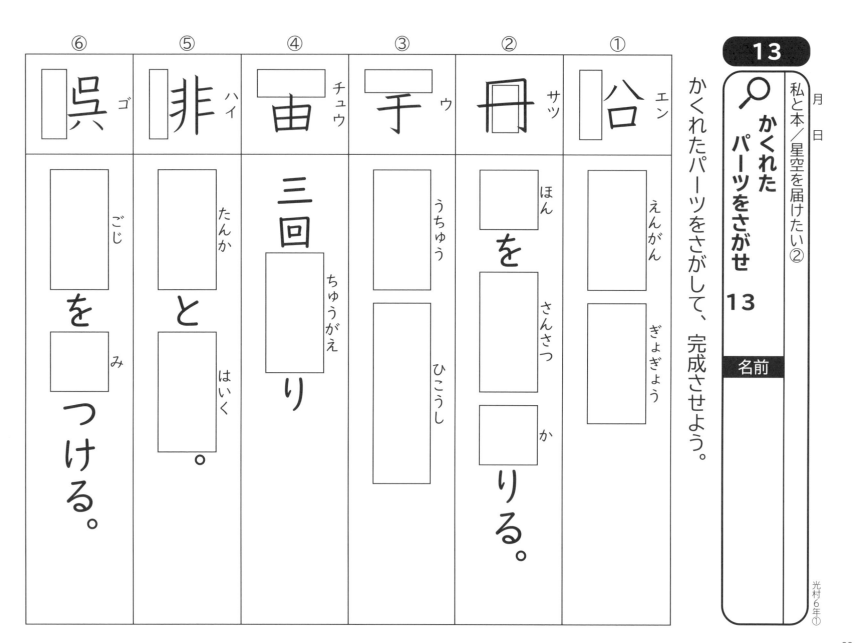

14

## かくれたパーツをさがせ 14

名前

かくれたパーツをさがして、完成させよう。

① 暮（マク）
プロ□《やきゅう》の□《かいまく》。

② 晩（バン）
□《ばん》ご□《はん》の□《まえ》。

③ 模（ボ）
□《きぼ》が□《ちい》さい。

④ 忘（まど）
□《しゃくしょ》の□《まどぐち》。

⑤ 延（エン）
□《えんちょうせん》で□《やぶ》れる。

⑥ 論（ロン）
□《けつろん》を□《だ》す。

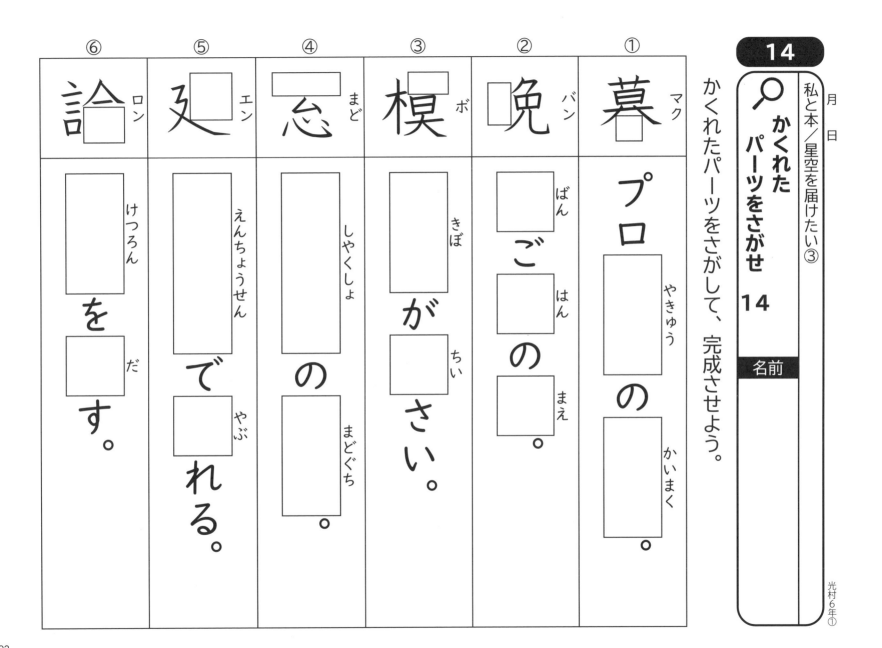

15

# 漢字足し算 1

帰り道①

月　日

名前

漢字の足し算をしよう。

＊答えの漢字でことばを作ろう。

①　ネ＋目＋儿＝□→→→□

②　石＋小＋ノ＝□→→→□

③　月＋𠂉＋日＋夂＝□→□

④　𤣩＋几＋又＝□→→→□

⑤　丷＋一＋业＝□→→→□

⑥　阝＋夂＋㐄＝□→→→□

⑦　言＋刃＋心＝□→→→□

⑧　氵＋生＋儿＝□→→→□

光村6年②

16

月　日

帰り道②

# ✚ 漢字足し算 2

名前

漢字の足し算をしよう。

＊答えの漢字でことばを作ろう。

① 田 ＋ 卄 ＋ 八 ＝ □ ↓ ↓ ↓ ↓ □

② 糸 ＋ 㠯 ＋ し ＝ □ ↓ ↓ ↓ ↓ □

③ 身 ＋ ノ ＋ 寸 ＝ □ ↓ ↓ ↓ ↓ □

④ 北 ＋ 月 ＝ □ ↓ ↓ ↓ ↓ ↓ □

⑤ 扌 ＋ 入 ＋ 土 ＋ 口 ＝ □ ↓ □

⑥ 千 ＋ 口 ＝ □ ↓ ↓ ↓ ↓ ↓ □

⑦ 丿 ＋ 古 ＋ し ＝ □ ↓ ↓ ↓ □

光村6年②

# 17

公共図書館を活用しよう

月　日

## ＋漢字足し算　3

名前

漢字の足し算をしよう。

＊答えの漢字でことばを作ろう。

① 𠀋 ＋ 豆 ＋ 戈 ＝ □ ↓↓↓ □

② 言 ＋ 士 ＋ 心 ＝ □ ↓↓↓ □

③ 日 ＋ 罒 ＋ 人 ＝ □ ↓↓↓ □

④ 扌 ＋ 广 ＋ 厶 ＝ □ ↓↓↓ □

⑤ 尸 ＋ 𠀎 ＋ 㔾 ＝ □ ↓↓↓ □

⑥ 艹 ＋ 厂 ＋ 臣 ＋ 戈 ＝ □ ↓ □

⑦ 言 ＋ 亠 ＋ 力 ＝ □ ↓↓↓ □

光村6年②

月　日

## 18

漢字の形と音・意味①

# ＋漢字足し算　4

名前

漢字の足し算をしよう。

＊答えの漢字でことばを作ろう。

① ノ ＋ 扌 ＋ 戈 ＝ □

② 了 ＋ 三 ＋ 八 ＝ □

③ 艹 ＋ 氺 ＋ 一 ＋ 灬 ＝ □

④ 夂 ＋ 几 ＝ □

⑤ 京 ＋ 尢 ＋ 、 ＝ □

⑥ 臣 ＋ 𠂉 ＋ 品 ＝ □

⑦ 彳 ＋ 丷 ＋ 龰 ＝ □

⑧ 冂 ＋ 大 ＋ 一 ＋ 心 ＝ □

月　日

# 19 漢字足し算 5

漢字の形と音・意味②

名前

漢字の足し算をしよう。

＊答えの漢字でことばを作ろう。

① 土 ＋ 衣 ＋ 戈 ＝ □ → □

② 彳 ＋ ヨ ＋ キ ＝ □ → □

③ 月 ＋ ⺍ ＋ メ ＋ 山 ＝ □ → □

④ 月 ＋ 艹 ＋ ⿸厂臣 ＋ 戈 ＝ □ → □

⑤ 月 ＋ 日 ＋ 勿 ＝ □ → □

⑥ 月 ＋ 亠 ＋ 巾 ＝ □ → □

⑦ 田 ＋ 月 ＝ □ → □

光村6年②

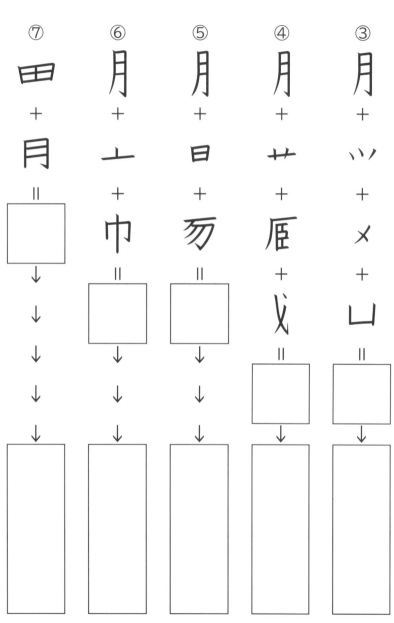

20

月　日

笑うから楽しい／時計の時間と心の時間①

# ＋漢字足し算 6

名前

漢字の足し算をしよう。

＊答えの漢字でことばを作ろう。

① 禾＋厶＝□→→→

② 宀＋必＋山＝□→→→

③ 口＋丿＋半＝□→→→

④ 口＋乃＋丶＝□→→→

⑤ ナ＋丨＋子＝□→→→

⑥ 亠＋幺＋刂＝□→→→

⑦ 氵＋白＋方＋攵＝□→

⑧ 竹＋門＋日＝□→→→

光村6年②

21

月　日

# ＋漢字足し算 7

笑うから楽しい／時計の時間と心の時間②／文の組み立て①

名前

漢字の足し算をしよう。

＊答えの漢字でことばを作ろう。

① 木＋几＝□→→→→→□

② 艹＋口＋夫＋隹＝□→□

③ ヒ＋矢＋マ＋疋＝□→□

④ 丷＋二＋人＋刀＝□→□

⑤ 卩＋立＋早＝□→→→□

⑥ 氵＋斤＋く＝□→→→□

⑦ 艹＋句＋攵＋言＝□→□

⑧ 罒＋土＋日＝□→→→□

光村6年②

22

月　日

文の組み立て②

## ✚ 漢字足し算 8

名前

漢字の足し算をしよう。

① 金 ＋ 三 ＋ 戈 ＝ □ ↓ ↓ ↓ □

② 艹 ＋ 里 ＋ 力 ＝ □ ↓ ↓ ↓ □

③ 言 ＋ 丰 ＋ 日 ＝ □ ↓ ↓ ↓ □

④ 亻 ＋ 龷 ＋ 八 ＝ □ ↓ ↓ ↓ □

⑤ 丩 ＋ 又 ＝ □ ↓ ↓ ↓ ↓ ↓ □

⑥ 糸 ＋ 冂 ＋ 人 ＝ □ ↓ ↓ ↓ □

⑦ 木 ＋ 文 ＝ □ ↓ ↓ ↓ ↓ ↓ □

⑧ 氵 ＋ 九 ＋ 木 ＝ □ ↓ ↓ ↓ □

＊答えの漢字でことばを作ろう。

光村6年②

月　日

# 23 漢字足し算　9

文の組み立て③／たのしみは／天地の文／デジタル機器と私たち①

名前

漢字の足し算をしよう。

＊答えの漢字でことばを作ろう。

① 宀＋一＋日＋一＝□→□

② 艹＋日＋六＋日＝□→□

③ 扌＋冖＋儿＋木＝□→□

④ 广＋人＋人＋土＝□→□

⑤ 幺＋力＝□→□

⑥ 艹＋耂＋日＝□→□

⑦ 木＋𠂉＋隹＝□→□

⑧ 丷＋酉＋寸＝□→□

光村6年②

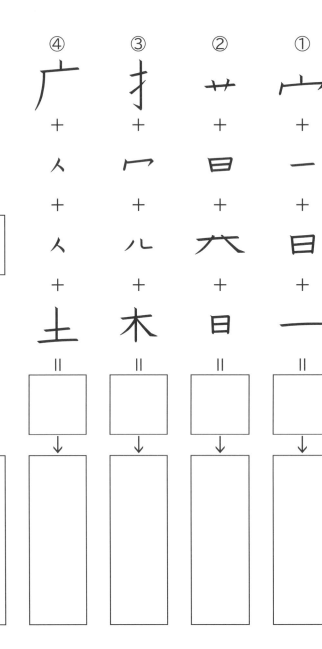

# ✚漢字足し算 10

デジタル機器と私たち②／私と本／星空をとどけたい①

月　日

名前

光村6年②

漢字の足し算をしよう。

＊答えの漢字でことばを作ろう。

①　广＋丁＝□→→→→→□

②　⺦＋士＋衣＝□→→→→□

③　尸＋由＝□→→→→→□

④　氵＋八＋口＝□→→→→□

⑤　冂＋‖＋一＝□→→→→□

⑥　宀＋二＋亅＝□→→→→□

⑦　宀＋由＝□→→→→→□

⑧　亻＋扌＋非＝□→→→→□

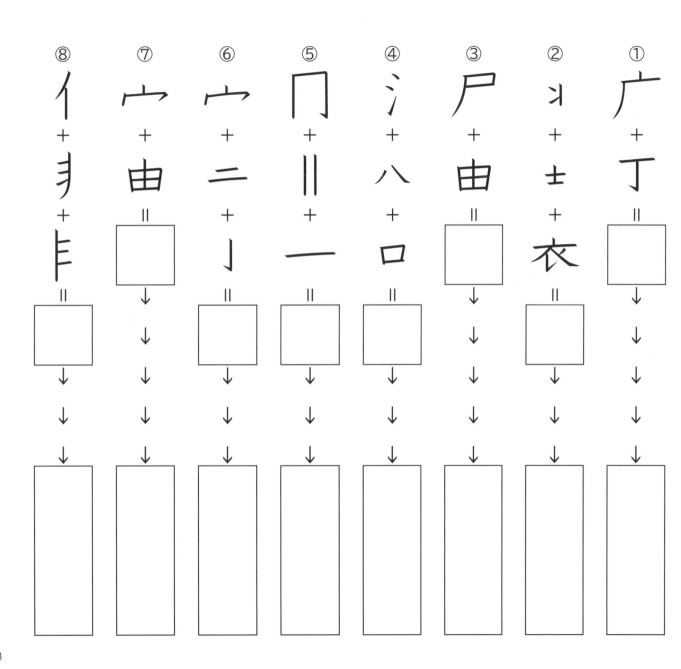

月　日

私と本／星空を届けたい②

25

# 漢字足し算 11

名前

漢字の足し算をしよう。

＊答えの漢字でことばを作ろう。

① 言＋口＋㇗＋八＝□→□

② 艹＋目＋六＋巾＝□→□

③ 日＋⺈＋罒＋儿＝□→□

④ 木＋艹＋日＋大＝□→□

⑤ 穴＋厶＋心＝□↓↓→□

⑥ ノ＋止＋夊＝□↓↓→□

⑦ 言＋八＋一＋冊＝□→□

光村6年②

## 足りないのはどこ（形をよく見て）1

名前

足りないところを見つけて、正しく書こう。

① 近《きん》視《し》
② 砂《さ》鉄《てつ》
③ 満《まん》腹《ぷく》
④ 階《かい》段《だん》
⑤ 並《なみ》木《き》
⑥ 降《こう》参《さん》
⑦ 認《みと》め印《いん》
⑧ 洗《せん》車《しゃ》
⑨ 異《い》性《せい》
⑩ 純《じゅん》金《きん》
⑪ 注《ちゅう》射《しゃ》
⑫ 背《はい》後《ご》

月　日

帰り道②／公共図書館を活用しよう／漢字の形と音・意味①

## ☆足りないのはどこ（形をよく見て）2

名前

足りないところを見つけて、正しく書こう。

① 捨《す》て身《み》 ↓ □

② ねこ古《じた》 ↓ □

③ 混《こん》乱《らん》 ↓ □

④ 流《りゅう》域《いき》 ↓ □

⑤ 雑《ざっ》誌《し》 ↓ □

⑥ 映《えい》像《ぞう》 ↓ □

⑦ 拡《かく》張《ちょう》 ↓ □

⑧ 発《はっ》展《てん》 ↓ □

⑨ 令《れい》蔵《ぞう》車《こ》 ↓ □

⑩ 訪《ほう》問《もん》 ↓ □

⑪ 我《われ》ら ↓ □

⑫ 承《しょう》知《ち》 ↓ □

# 28

漢字の形と音・意味②

## 足りないのはどこ（形をよく見て）3

月　日

名前

足りないところを見つけて、正しく書こう。

① 蒸《じょう》発《はつ》 → □

② 処《しょ》理《り》 → □

③ 就《しゅう》職《しょく》 → □

④ 臨《りん》時《じ》 → □

⑤ 従《じゅう》業《ぎょう》員《いん》 → □

⑥ 恩《おん》返《がえ》し → □

⑦ 裁《さば》く → □

⑧ 規《き》律《りつ》 → □

⑨ 頭《ず》脳《のう》 → □

⑩ 臓《ぞう》器《き》 → □

⑪ 大《だい》腸《ちょう》 → □

⑫ 心《しん》肺《ぱい》 → □

光村6年③

# 29

月　日

漢字の形と音・意味③／笑うから楽しい／時計の時間と心の時間

## 足りないのはどこ（形をよく見て）4

名前

足りないところを見つけて、正しく書こう。

① 冐《い》菓《ぐすり》 ↓ □

② 私《し》服《ふく》 ↓ □

③ 密《みっ》集《しゅう》 ↓ □

④ 連《れん》吁《こ》 ↓ □

⑤ 叺《きゅう》引《いん》 ↓ □

⑥ 存《そん》在《ざい》 ↓ □

⑦ 深《しん》刻《こく》 ↓ □

⑧ 感《かん》激《げき》 ↓ □

⑨ 簡《かん》潔《けつ》 ↓ □

⑩ 長《なが》机《づくえ》 ↓ □

⑪ 非《ひ》難《なん》 ↓ □

⑫ 疑《ぎ》問《もん》 ↓ □

光村6年③

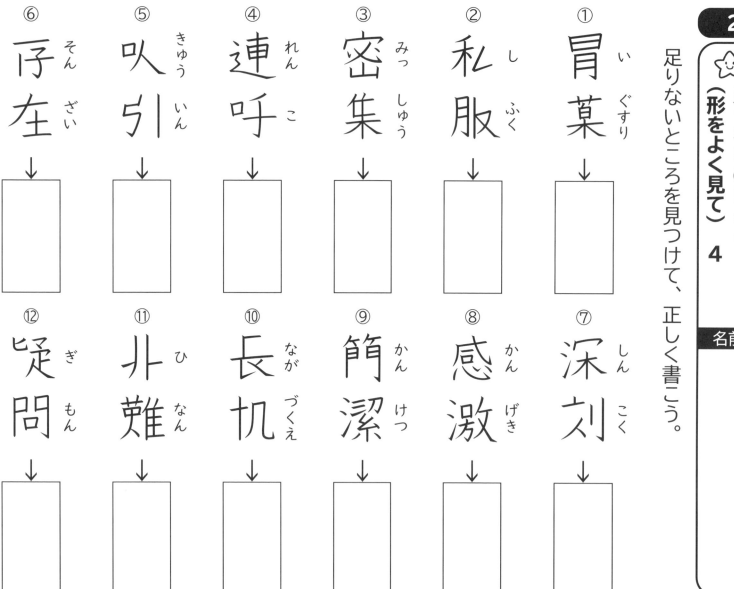

# 30 文の組み立て①

月　日

## 足りないのはどこ（形をよく見て）5

名前

足りないところを見つけて、正しく書こう。

①　商《しょう》品《ひん》券《けん》 → □

②　故《こ》障《しょう》 → □

③　特《とく》沂《は》員《いん》 → □

④　警《けい》察《さつ》 → □

⑤　署《しょ》長《ちょう》 → □

⑥　全《きん》钱《せん》 → □

⑦　通《つう》勤《きん》 → □

⑧　諸《しょ》君《くん》 → □

⑨　提《てい》供《きょう》 → □

⑩　収《しゅう》集《しゅう》 → □

⑪　納《のう》税《ぜい》 → □

⑫　枚《まい》数《すう》 → □

光村6年③

# 足りないのはどこ（形をよく見て）6

名前

足りないところを見つけて、正しく書こう。

① 染《そ》め物《もの》 →

② 宣《せん》伝《でん》 →

③ ク暮《ゆうぐ》れ →

④ 探《たん》検《けん》 →

⑤ 星《せい》座《ざ》 →

⑥ 幻《よう》児《じ》 →

⑦ 著《ちょ》書《しょ》 →

⑧ 権《けん》刀《りょく》 →

⑨ 尊《そん》重《ちょう》 →

⑩ 県《けん》庁《ちょう》 →

⑪ 服《ふく》装《そう》 →

⑫ 届《とど》け物《もの》 →

月　日

私と本／星空を届けたい②

## 足りないのはどこ（形をよく見て）7

名前

足りないところを見つけて、正しく書こう。

① 㕣《えん》岸《がん》 →

② 別《べっ》皿《さつ》 →

③ 宇《う》宙《ちゅう》 →

④ 宙《ちゅう》づり →

⑤ 俳《はい》句《く》 →

⑥ 誤《ご》解《かい》 →

⑦ 幕《ばく》府《ふ》 →

⑧ 朝《あさ》晩《ばん》 →

⑨ 模《も》型《けい》 →

⑩ 窓《まど》辺《べ》 →

⑪ 延《えん》期《き》 →

⑫ 口《こう》論《ろん》 →

光村6年③

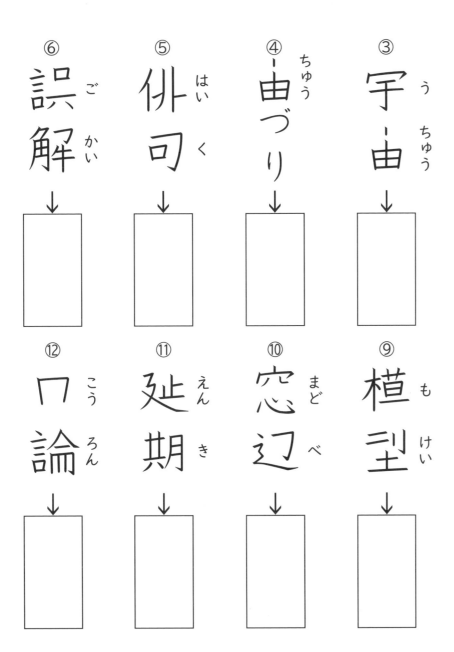

# 33 漢字を入れよう 1

帰り道①

月　日

名前

文を読んで、ぴったりの漢字を入れよう。

①左目をかくして、右目の□力を測る。

②妹は、公園の□場で遊ぶのが好きだ。

③ご飯を三ばいも食べたので、満□です。

④火事のときには、非常階□を使う。

⑤男女に分かれて、二列に□びましょう。

⑥今日は、午後から雨が□るでしょう。

⑦和食の良さが、世界に□められる。

⑧朝起きて、歯をみがいて、水で顔を□う。

ヒント　並　認　降　段　洗　視　砂　腹

光村6年④

# 漢字を入れよう 2

名前

文を読んで、ぴったりの漢字を入れよう。

①人それぞれに、□なる考えがある。

②この置物は、□金製でとても高価だ。

③インフルエンザの、予防注□を受ける。

④キリンは、首が長くて□が高い。

⑤ごみ箱の中のごみを、全部□てる。

⑥スープが熱過ぎて、□をやけどした。

⑦かたづけないので、部屋が□雑になる。

ヒント　乱　背　射　純　捨　異　舌

# 35 漢字を入れよう 3

公共図書館を活用しよう

月　日

名前

文を読んで、ぴったりの漢字を入れよう。

①今でも、戦争をしている国や地□がある。

②駅の売店で、週刊□を買って読んだ。

③大人気のアニメが、□画化された。

④虫めがねで、小さな文字を□大する。

⑤村の歴史に関する資料が、□示されている。

⑥父が帰るまで、ケーキを冷□庫に入れておく。

⑦来週は、先生の家庭□問がある。

ヒント　誌　訪　拡　展　域　映　蔵

光村6年④

36

月　日

漢字の形と音・意味①

## 漢字を入れよう　4

名前

文を読んで、ぴったりの漢字を入れよう。

①今回は、□ながら、よく勉強したと思う。

②無理を□知で、先生にお願いする。

③けむりをはいて、□気機関車が走る。

④部屋の中の、いらない物を□分する。

⑤大学を卒業して、会社に□職する。

⑥今日は花火大会のため、□時列車が出ます。

⑦家来が、王様の命令に□う。

⑧助けてもらって、かれは命の□人です。

ヒント　処　恩　我　承　従　就　臨　蒸

37

月　日

漢字の形と音・意味②

# 漢字を入れよう　5

名前

文を読んで、ぴったりの漢字を入れよう。

①明日、この事件の□判が開かれる。

②国民は、法□を守る義務がある。

③頭を打ったので、□波を調べてもらった。

④心□は、体中に血液を送るポンプです。

⑤食べ物は、「い」から□へ運ばれる。

⑥大きく息をすって、□活量を測る。

⑦ご飯を食べ過ぎて、□が苦しい。

ヒント　腸　肺　裁　臓　胃　律　脳

光村6年④

# 漢字を入れよう 6

名前

文を読んで、ぴったりの漢字を入れよう。

①家に帰って、制服から□服に着がえる。

②二つの国は、□接な関係にある。

③名前を□ばれた人は、前に来てください。

④さわやかな朝、大きく息を□いこんだ。

⑤いたみやすい食品は、冷蔵庫で保□する。

⑥大変なけがで、一□を争う事態だ。

⑦台風で、雨風が急に□しくなる。

⑧この料理は、とても□単に作れる。

ヒント　呼　密　激　刻　吸　簡　私　存

39

月　日

笑うから楽しい／時計の時間と心の時間②／文の組み立て①

# 漢字を入れよう　7

名前

文を読んで、ぴったりの漢字を入れよう。

①教室の□の上に、教科書を出す。

②この問題は、ぼくには□しくて答えられない。

③どうしてだろうと、□問がわいてくる。

④博物館の入口で、入場□を見せる。

⑤自動車が故□して、動かなくなった。

⑥海外の特□員が、ニュースを伝える。

⑦犯人を、□察官が取り囲んだ。

⑧消防□に、消防車と救急車が止まっている。

ヒント　難　警　派　机　疑　署　障　券

月　日

文の組み立て②

# 漢字を入れよう　8

名前

文を読んで、ぴったりの漢字を入れよう。

①一万円札ではらって、つり□を受け取る。

②母は、生命保険の会社に□めている。

③一人で、ヨーロッパ□国を旅する。

④祖父の墓に、お花を□えてお参りする。

⑤子ども会で、古新聞を回□している。

⑥銀行から、国に税金を□める。

⑦お年玉にもらった、千円札の□数を数える。

⑧夕焼けで、西の空が真っ赤に□まる。

ヒント　勤　諸　枚　納　供　収　銭　染

光村6年④

41

月　日

文の組み立て③／たのしみは／天地の文／デジタル機器と私たち①

# 漢字を入れよう 9

名前

文を読んで、ぴったりの漢字を入れよう。

①テレビで、新商品を□伝している。

②冬は、早く日が□れて、もう真っ暗だ。

③熱帯のジャングルの中を、□検する。

④夜空に、冬の星□が光っている。

⑤かぶと虫の□虫は、土の中にいる。

⑥この本の□者に、サインをもらった。

⑦本を書いた人の、□利を守る。

⑧一人一人の意見を□重して、考える。

ヒント　暮　尊　探　著　座　権　宣　幼

光村6年④

42

# 漢字を入れよう 10

デジタル機器と私たち②／私と本／星空をとどけたい①

月　日

名前

光村6年④

文を読んで、ぴったりの漢字を入れよう。

①気象□が、台風の予報を出す。

②犯人が、ぼうしとサングラスで変□する。

③友達の家に、プレゼントを□ける。

④夕日を見ながら、海□いの道を走る。

⑤図書室で、日本の歴史の本を二□借りた。

⑥日本のロケットが、□ちゅうへ飛び立つ。

⑦サーカスで、三回□返りをする。

⑧「五・七・五」の言葉で、□句を考える。

ヒント　沿　冊　宙　俳　装　宇　届　庁

月　日

43

私と本／星空を届けたい②

## 漢字を入れよう 11

名前

文を読んで、ぴったりの漢字を入れよう。

①車の運転を□って、ぶつけてしまう。

②バレーボールの大会が、開□する。

③父は、毎□、帰りが八時ごろです。

④母に、水玉□様のスカーフを買った。

⑤風が入るように、教室の□を開けた。

⑥台風のために、運動会が□期になる。

⑦いくら話し合っても、結□が出ない。

ヒント　模　延　幕　誤　論　晩　窓

光村6年④

# 2 学期

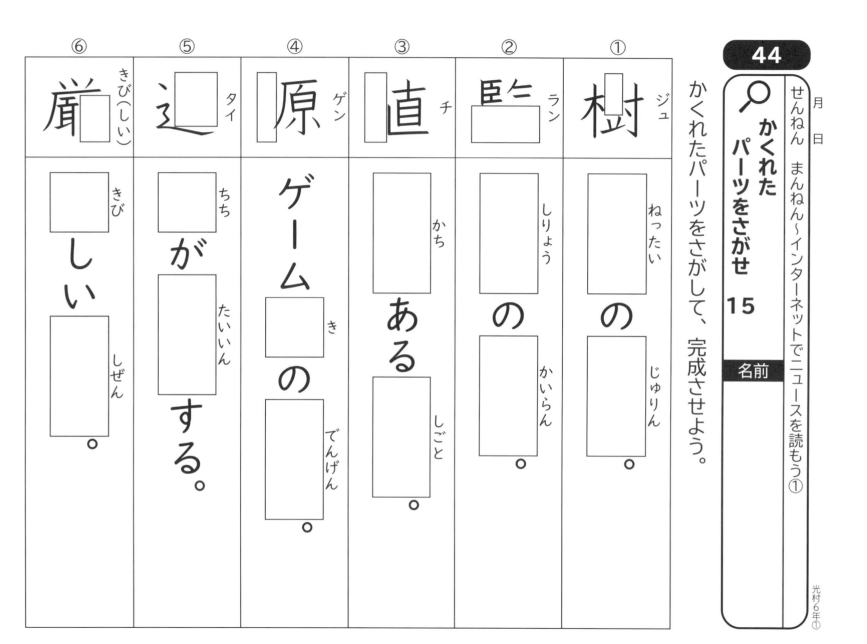

# 44

月　日

せんねん　まんねん～インターネットでニュースを読もう①

## かくれたパーツをさがせ 15

名前

かくれたパーツをさがして、完成させよう。

① □《ジュ》

□《ねったい》の□《じゅりん》。

② □《ラン》

□《しりょう》の□《かいらん》。

③ □《チ》

□《かち》ある□《しごと》。

④ □《ゲン》

ゲーム□《き》の□《でんげん》。

⑤ □《タイ》

□《ちち》が□《たいいん》する。

⑥ □《きび(しい)》

□《きび》しい□《しぜん》。

光村6年①

月　日

インターネットでニュースを読もう②～やまなし／イーハトーヴの夢①

45

# かくれたパーツをさがせ 16

名前

かくれたパーツをさがせて、完成させよう。

① □《ユウ》

□《たいかい》で□《ゆうしょう》する。

② □《スイ》

□《はんにん》を□《すいり》する。

③ □《キ》

□《きちょう》な□《きんぞく》。

④ □《サク》

□《あたら》しい□《かいけつさく》。

⑤ □《ちぢ(む)》

□《ようふく》が□《ちぢ》む。

⑥ □《ボウ》

□《てつぼう》で□《あそ》ぶ。

光村6年①

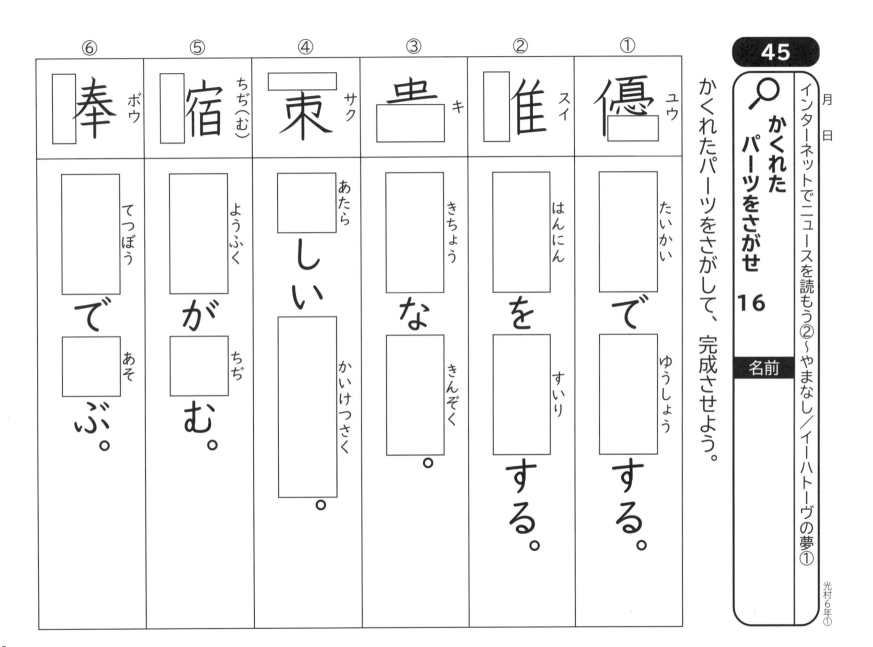

46

やまなし／イーハトーヴの夢②

月　日

# かくれたパーツをさがせ 17

名前

かくれたパーツをさがして、完成させよう。

① 熟（□）ジュク
□《き》の□《み》が□《じゅく》す。

② 尺（□）シャク
□《しゃくはち》の□《ねいろ》。

③ 寸（□）スン
□《すんぽう》を□《はか》る。

④ 軍（□）キ
□《がくだん》の□《しきしゃ》。

⑤ 疒（□）ツウ
□《ずつう》の□《くすり》。

⑥ 比（□）ヒ
□《ひひょう》の□《ことば》。

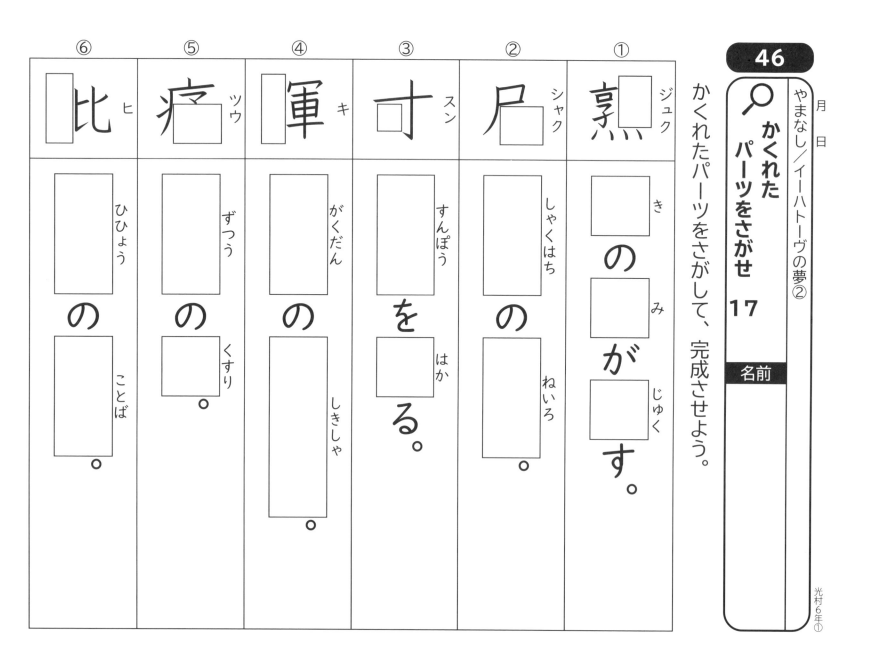

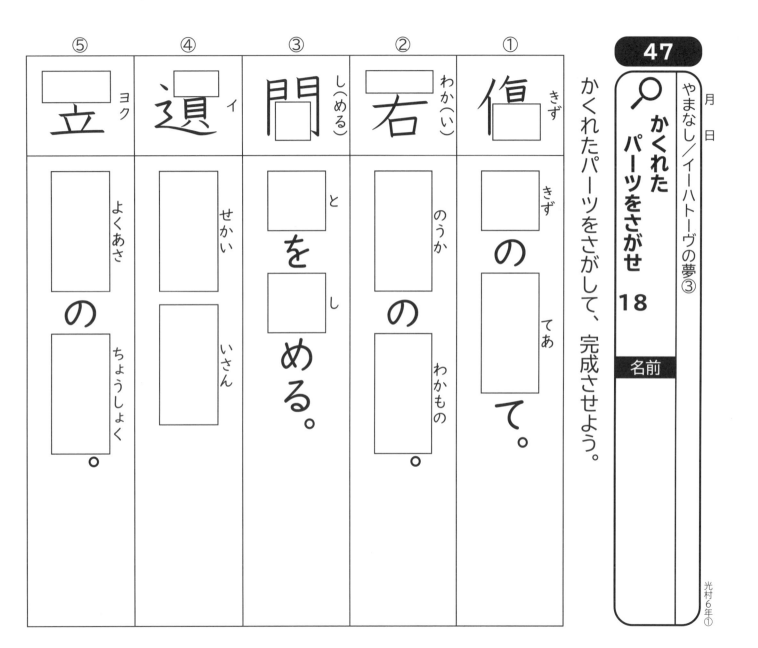

月　日

やまなし／イーハトーヴの夢③

# かくれたパーツをさがせ 18

名前

かくれたパーツをさがして、完成させよう。

①
□《きず》

□《きず》の□《てあ》て。

②
□《わか(い)》

□《のうか》の□《わかもの》。

③
□《し(める)》

□《と》を□《し》める。

④
□《イ》

□《せかい》□《いさん》

⑤
□《ヨク》

□《よくあさ》の□《ちょうしょく》。

光村6年①

熟語の成り立ち①　月　日

# かくれたパーツをさがせ 19

名前

かくれたパーツをさがして、完成させよう。

①　□《たて》従

□《はこ》の□《たてよこ》を□《はか》る。

②　丁□《チョウ》

□《さんちょう》を□《めざ》す。

③　中□《チュウ》

□《とも》からの□《ちゅうこく》。

④　□成《セイ》

□《せいしん》□《せいい》

⑤　商□《テキ》

□《むてき》の□《せんしゅ》。

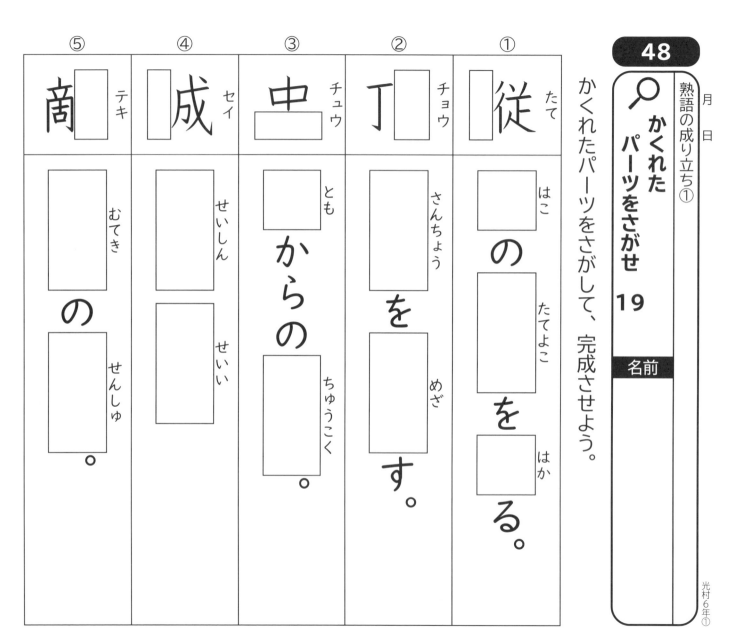

49

熟語の成り立ち②

月　日

## かくれたパーツをさがせ

20

名前

かくれたパーツをさがして、完成させよう。

① 天□《サン》

□《ようさん》

□《のうか》

② コ□《コ》

□《りこてき》な□《かんが》え。

③ □余《ジョ》

□《どうろ》の□《じょせつ》。

④ □二《ジン》

□《じんあい》の□《こころ》。

⑤ 白□《いずみ》

□《もり》に□《いずみ》がわく。

光村6年①

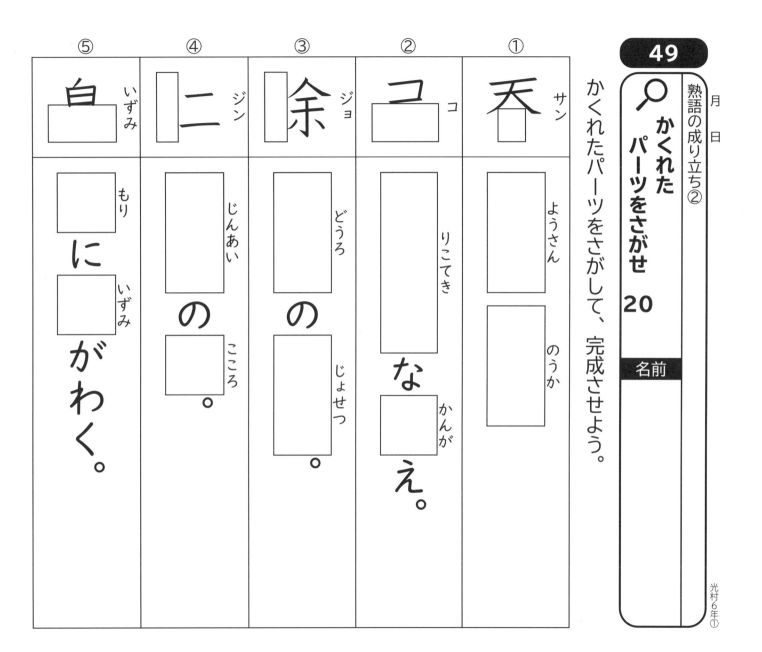

熟語の成り立ち③

月　日

## かくれたパーツをさがせ 21

名前

かくれたパーツをさがして、完成させよう。

① 衣（□）《うら》

□《ふく》の□《うらおもて》。

② 幺（□）《ケイ》

□《ぎんがけい》の□《ほし》。

③ 明（□）《メイ》

□《じょうやく》に□《かめい》する。

④ 谷（□）《ヨク》

□《しょくよく》の□《あき》。

⑤ 朱（□）《かぶ》

□《かぶしき》□《がいしゃ》

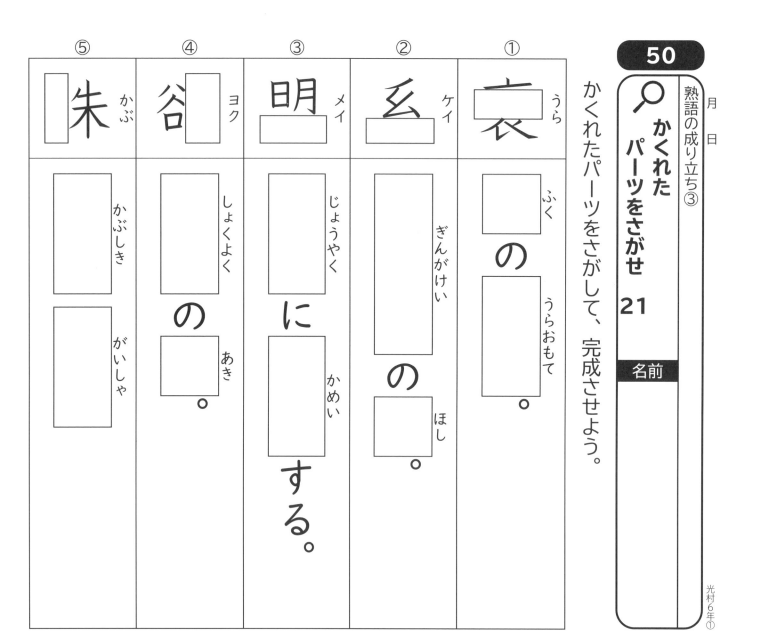

# 51

月　日

みんなで楽しく過ごすために①

## かくれたパーツをさがせ 22

名前

かくれたパーツをさがして、完成させよう。

① □《ゼン》

□《ぜんあく》を□《かんが》える。

② □《ハン》

□《かくはん》の□《はんちょう》。

③ □《キ》

□《きけん》な□《どうぶつ》。

④ 害□《わり》

□《しぜん》の□《やくわり》。

⑤ □《ヒ》

□《ひてい》の□《たちば》。

⑥ □《シ》

□《しきゅう》の□《ようじ》。

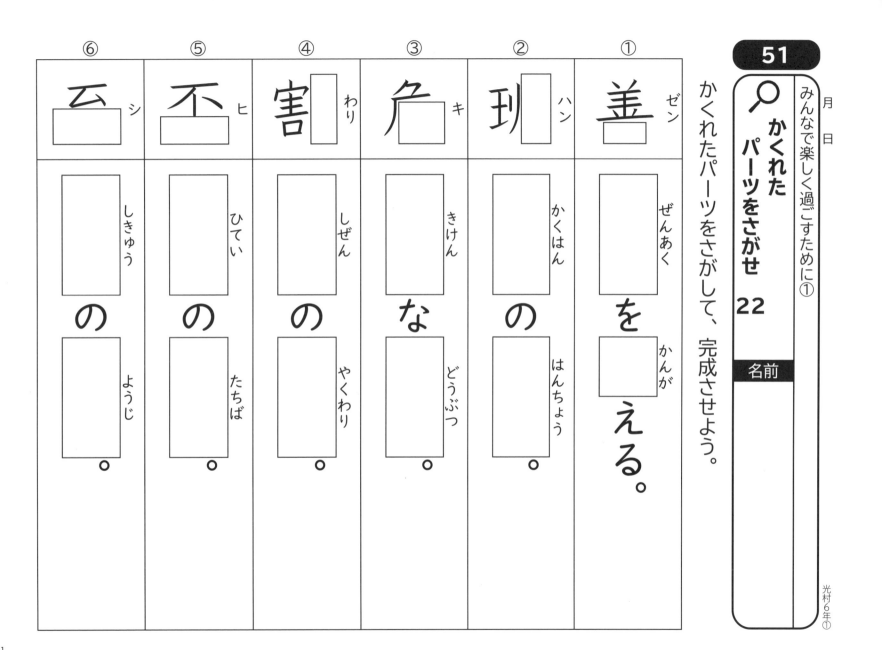

月　日

みんなで楽しく過ごすために②／話し言葉と書き言葉

52

# かくれたパーツをさがせ 23

名前

かくれたパーツをさがして、完成させよう。

①
□毛 タク

□《じたく》に□《かえ》る。

②
□唐 トウ

□《とうぶん》と□《えんぶん》。

③
□工 コウ

□《こうちゃ》の□《さんち》。

④
卵□ たまご

ゆで□《たまご》を□《た》べる。

⑤
□乚 ニュウ

□《にゅうじ》の□《たいじゅう》。

⑥
倉□ つく(る)

□《ぶんか》を□《つく》る。

光村6年①

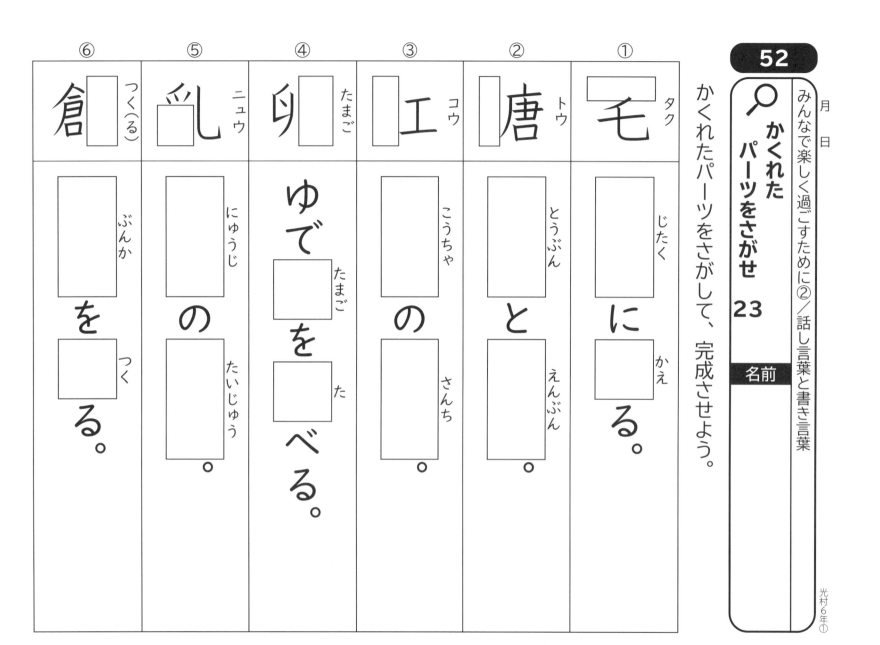

53

月　日

古典芸能の世界～『鳥獣戯画』を読む／発見、日本文化のみりょく①

# かくれたパーツをさがせ 24

名前

かくれたパーツをさがして、完成させよう。

① □《ソウ》
□《がっそう》と□《がっしょう》。

② □《タン》
□《いもうと》の□《たんじょうび》。

③ □（る）《こま》
□《こま》り□《は》てる。

④ □《カン》
□《そふ》を□《かんびょう》する。

⑤ □《すじ》
□《すじみち》の□《た》った□《はなし》。

⑥ □（る）《も》
□《おおも》りの□《りょうり》。

光村6年①

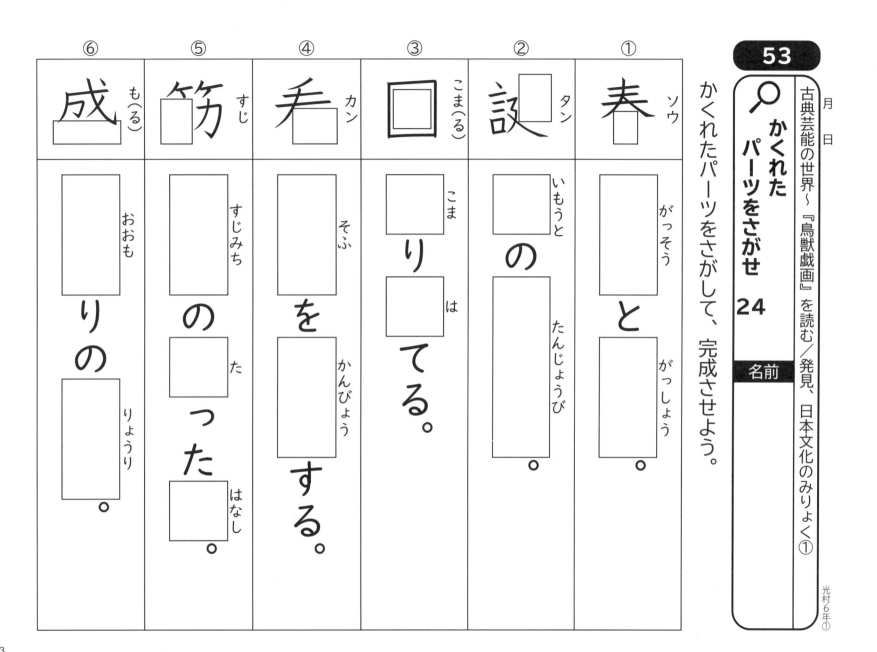

月　日

『鳥獣戯画』を読む／発見、日本文化のみりょく②

## かくれたパーツをさがせ 25

名前

かくれたパーツをさがして、完成させよう。

① □《ほね》
□《どうぶつ》の□《ほね》。

② □《カン》
□《かんまつ》の□《ふろく》。

③ □《ホウ》
□《うつく》しい□《ほうせき》。

④ □《キョウ》
□《りょうしん》の□《こきょう》。

⑤ 苟□《うやま(う)》
□《せんせい》を□《うやま》う。

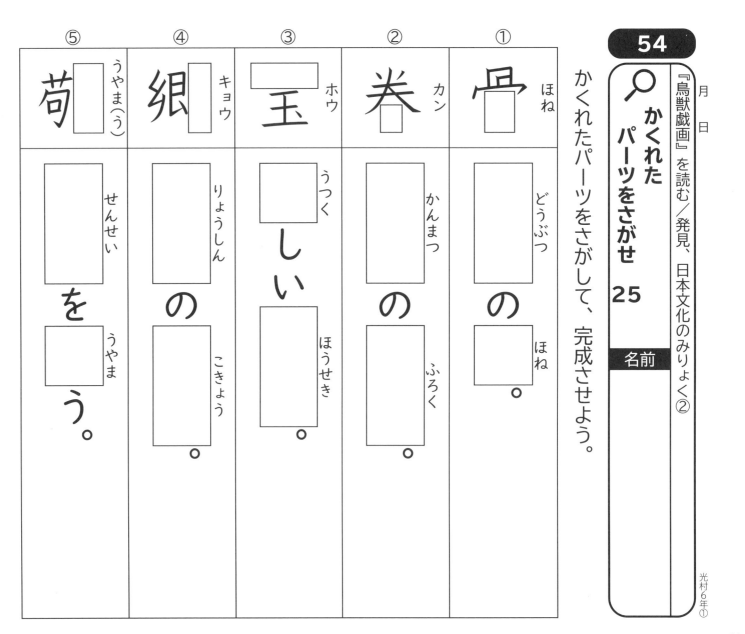

月　日

**55**

カンジー博士の漢字学習のひ伝①

# かくれたパーツをさがせ 26

名前

かくれたパーツをさがして、完成させよう。

① □必《ヒ》
□《しんぴてき》な□《はなし》。

② □呈《セイ》
□《せいか》が□《も》える。

③ □肙《きぬ》
□《きぬおりもの》

④ □手《おが(む)》
□《あさひ》を□《おが》む。

⑤ □岡《コウ》
□《こうてつ》の□《きかい》。

⑥ □乚《ボウ》
□《こうぼう》の□《れきし》。

光村6年①

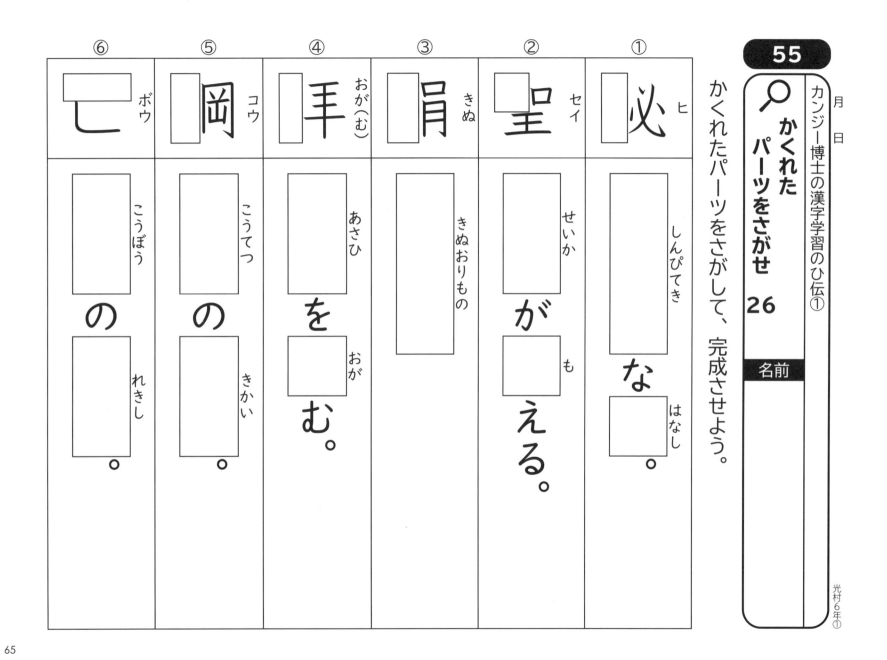

月　日

# かくれたパーツをさがせ 27

名前

かくれたパーツをさがして、完成させよう。

①
一□　ほ(す)

□《うめぼ》しを□《た》べる。

②
□乑　シュウ

□《こうしゅう》□《でんわ》

③
垂□　ユウ

□《ゆうびん》□《ばんごう》

④
任□　チン

□《でんしゃ》の□《うんちん》。

⑤
□子　コウ

□《おやこうこう》な□《わかもの》。

⑥
予□　あず(ける)

□《にもつ》を□《あず》ける。

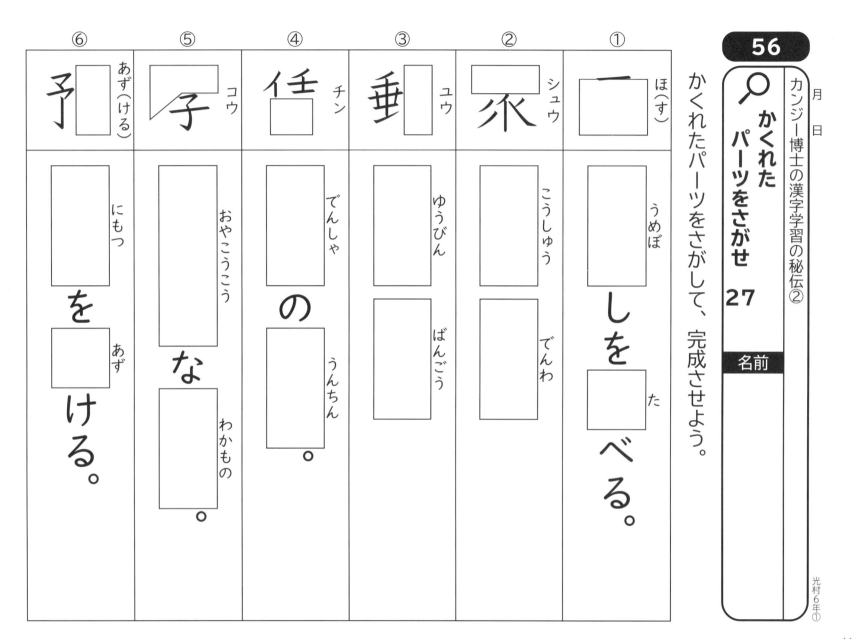

月　日

カンジー博士の漢字学習の秘伝③～おすすめパンフレットを作ろう

57

## かくれたパーツをさがせ 28

名前

かくれたパーツをさがして、完成させよう。

① □殻（コク）

□《そうこ》にある□《こくもつ》。

② □表（たわら）

□《こめだわら》を□《はこ》ぶ。

③ □尺（ヤク）

□《えいご》の□《つうやく》。

④ 亡□（わす(れる)）

□《しゅくだい》を□《わす》れる。

⑤ □爰（あたた(かい)）

□《あたた》かい□《きせつ》。

⑥ □司（シ）

□《さくし》と□《さっきょく》。

光村6年①

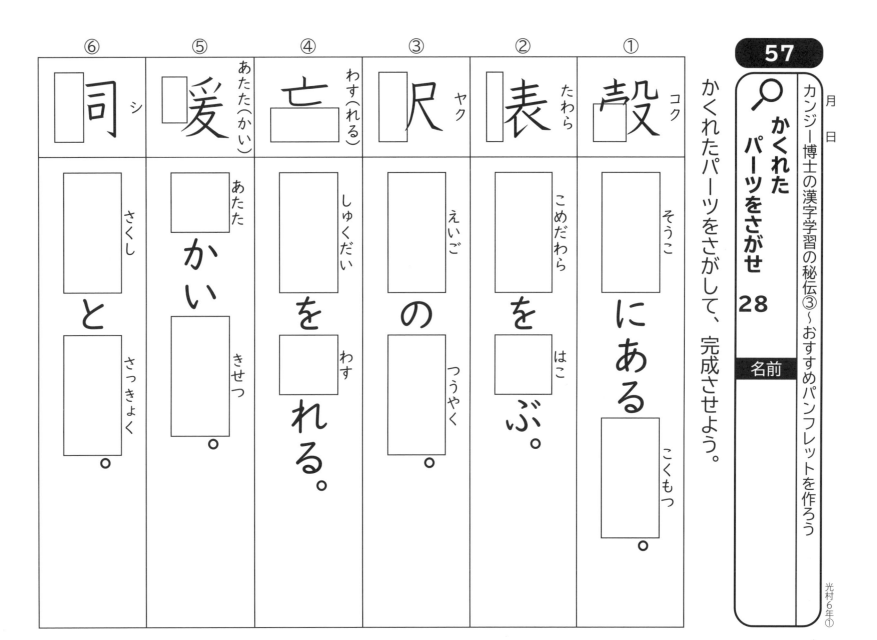

月　日

58

# 漢字足し算 12

せんねん　まんねん〜インターネットでニュースを読もう①

名前

漢字の足し算をしよう。

＊答えの漢字でことばを作ろう。

① 木＋吉＋䒑＋寸＝□ ↓ □

② 臣＋𠂉＋見＝□ ↓ ↓ ↓ ↓ □

③ 亻＋直＋乚＝□ ↓ ↓ ↓ ↓ □

④ 氵＋厂＋白＋小＝□ ↓ □

⑤ 艮＋く＋辶＝□ ↓ ↓ ↓ ↓ □

⑥ ⺍＋厂＋耳＋攵＝□ ↓ □

⑦ 亻＋𦣻＋心＋夂＝□ ↓ □

⑧ 扌＋隹＝□ ↓ ↓ ↓ ↓ ↓ □

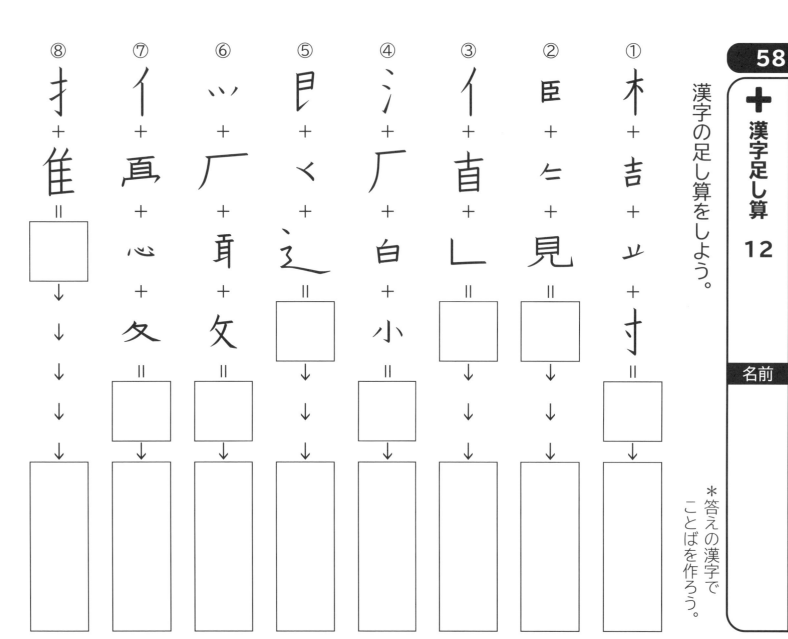

59

# 漢字足し算 13

インターネットでニュースを読もう②〜やまなし／イーハトーヴの夢①

月　日

名前

漢字の足し算をしよう。

＊答えの漢字でことばを作ろう。

① 中＋一＋貝＝□→→→□

② ⺮＋冂＋木＝□→→→□

③ 糸＋宀＋亻＋百＝□→□

④ 木＋夫＋キ＝□→→→□

⑤ 亠口＋子＋丸＋灬＝□→□

⑥ 尸＋乀＝□→→→→□

⑦ 一＋亅＋丶＝□→→→□

⑧ 扌＋冖＋車＝□→→→□

60

月　日

# ✚漢字足し算 14

やまなし／イーハトーヴの夢②

名前

光村6年②

漢字の足し算をしよう。

＊答えの漢字でことばを作ろう。

① 疒＋マ＋用＝□→→→→[　　]

② 扌＋匕＋匕＝□→→→→[　　]

③ 亻＋𠂉＋日＋勿＝□→[　　]

④ 艹＋ナ＋口＝□→→→[　　]

⑤ 門＋才＝□→→→→→[　　]

⑥ 虫＋貝＋辶＝□→→→→[　　]

⑦ 羽＋立＝□→→→→→[　　]

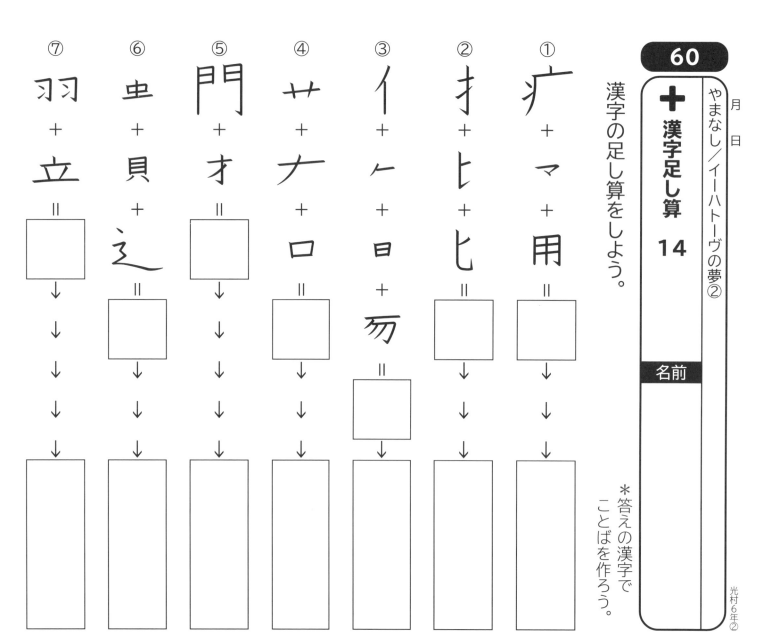

61

月　日

熟語の成り立ち①

# ＋漢字足し算 15

名前

漢字の足し算をしよう。

① 糸＋彳＋䒑＋龰＝□→□
② 丁＋丆＋貝＝□→□
③ 中＋心＝□→→→→□
④ 言＋万＋戈＝□→→→□
⑤ ⿱亠冂＋古＋攵＝□→→→□
⑥ 天＋中＋冖＝□→→→□
⑦ コ＋乚＝□→→→→□
⑧ 卩＋𠆢＋禾＝□→→→□

＊答えの漢字でことばを作ろう。

光村6年②

62

# 漢字足し算 16

熟語の成り立ち②／みんなで楽しく過ごすために①

月　日

名前

漢字の足し算をしよう。

①　亻＋二＝□→→→→□

②　白＋亅＋八＝□→→→□

③　亠＋里＋衣＝□→→→□

④　丿＋幺＋小＝□→→→□

⑤　日＋月＋皿＝□→→→□

⑥　父＋口＋欠＝□→→→□

⑦　木＋𠂉＋木＝□→→→□

⑧　羊＋艹＋口＝□→→→□

＊答えの漢字でことばを作ろう。

光村6年②

月　日

みんなで楽しく過ごすために②

# 漢字足し算 17

名前

漢字の足し算をしよう。

＊答えの漢字でことばを作ろう。

① 王 ＋ リ ＋ 王 ＝ □ ↓ ↓ ↓ ↓ □

② ⺈ ＋ 厂 ＋ 㔾 ＝ □ ↓ ↓ ↓ ↓ □

③ 宀 ＋ 丰 ＋ 口 ＋ 刂 ＝ □ ↓ □

④ 不 ＋ 口 ＝ □ ↓ ↓ ↓ ↓ ↓ □

⑤ 一 ＋ 厶 ＋ 土 ＝ □ ↓ ↓ ↓ □

⑥ 宀 ＋ 二 ＋ し ＝ □ ↓ ↓ ↓ □

⑦ 米 ＋ 广 ＋ 肀 ＋ 口 ＝ □ ↓ □

⑧ 糸 ＋ 工 ＝ □ ↓ ↓ ↓ ↓ ↓ □

光村6年②

64

# 漢字足し算 18

名前

話し言葉と書き言葉①～『鳥獣戯画』を読む／発見、日本文化のみりょく①

月　日

光村6年②

漢字の足し算をしよう。

＊答えの漢字でことばを作ろう。

① 𠂎 ＋ 卩 ＝ □ → → → → □

② ⺍ ＋ 子 ＋ し ＝ □ → → → □

③ 𠆢 ＋ 戸 ＋ 口 ＋ 刂 ＝ □ → □

④ 三 ＋ 人 ＋ 天 ＝ □ → → → □

⑤ 言 ＋ ノ ＋ 止 ＋ 廴 ＝ □ → □

⑥ 門 ＋ 木 ＋ 一 ＝ □ → → → □

⑦ 三 ＋ ノ ＋ 目 ＝ □ → → → □

⑧ ⺮ ＋ 月 ＋ 力 ＝ □ → → → □

月　日

『鳥獣戯画』を読む／発見…②／カンジー博士の漢字学習のひ伝①

# ＋漢字足し算 19

名前

漢字の足し算をしよう。

＊答えの漢字でことばを作ろう。

① 厂 ＋ 戈 ＋ 皿 ＝ □ ↓ ↓ ↓ □

② 冂 ＋ 一 ＋ 月 ＝ □ ↓ ↓ ↓ □

③ 丷 ＋ 人 ＋ 己 ＝ □ ↓ ↓ ↓ □

④ 宀 ＋ 王 ＋ 、 ＝ □ ↓ ↓ ↓ □

⑤ 糸 ＋ 艮 ＋ 阝 ＝ □ ↓ ↓ ↓ □

⑥ 艹 ＋ 句 ＋ 攵 ＝ □ ↓ ↓ ↓ □

⑦ 禾 ＋ ソ ＋ 心 ＝ □ ↓ ↓ ↓ □

⑧ 耳 ＋ 口 ＋ 王 ＝ □ ↓ ↓ ↓ □

光村6年②

66

月　日

カンジー博士の漢字学習の秘伝②

# 漢字足し算 20

名前

漢字の足し算をしよう。

＊答えの漢字でことばを作ろう。

① 糸＋口＋月＝□ ↓↓↓ □

② 扌＋三＋丨＝□ ↓↓↓ □

③ 金＋冂＋䒑山＝□ ↓↓↓ □

④ 亠＋乚＝□ ↓↓↓↓ □

⑤ 一＋十＝□ ↓↓↓↓ □

⑥ 血＋亻＋⺀＋く＝□ ↓ □

⑦ 缶＋丄＋阝＝□ ↓↓↓ □

⑧ 亻＋壬＋貝＝□ ↓↓↓ □

光村6年②

月　日

67

# ＋漢字足し算 21

カンジー博士の漢字学習の秘伝③～おすすめパンフレットを作ろう

名前

漢字の足し算をしよう。

＊答えの漢字でことばを作ろう。

① 土＋ノ＋子＝□ → □

② マ＋了＋丆＋貝＝□ → □

③ 士＋冖＋禾＋殳＝□ → □

④ 亻＋龶＋𧘇＝□ → □

⑤ 言＋尸＋乀＝□ → □

⑥ 亡＋心＝□ → □

⑦ 日＋爫＋一＋友＝□ → □

⑧ 言＋𠃌＋一＋口＝□ → □

光村6年②

68

月　日

せんねん　まんねん～やまなし／イーハトーヴの夢①

# 足りないのはどこ（形をよく見て）8

名前

足りないところを見つけて、正しく書こう。

① 樹《じゅ》才《もく》 ↓

② 観《かん》瞖《らん》車《しゃ》 ↓

③ 佰《か》値《ち》 ↓

④ 資《し》原《げん》 ↓

⑤ 退《たい》場《じょう》 ↓

⑥ 厥《げん》茽《きん》 ↓

⑦ 優《ゆう》先《せん》 ↓

⑧ 推《すい》埋《り》 ↓

⑨ 貴《き》族《ぞく》 ↓

⑩ 対《たい》笨《さく》 ↓

⑪ 短《たん》縮《しゅく》 ↓

⑫ 全《かな》棒《ぼう》 ↓

月　日

やまなし／イーハトーヴの夢②

## 足りないのはどこ（形をよく見て）9

名前

足りないところを見つけて、正しく書こう。

① 熟《じゅく》語《ご》 → □

② 尺《しゃく》度《ど》 → □

③ 寸《すん》汢《ぽう》 → □

④ 発《はっ》揮《き》 → □

⑤ 苦《く》痛《つう》 → □

⑥ 批《ひ》判《はん》 → □

⑦ 負《ふ》傷《しょう》 → □

⑧ 若《わか》葉《ば》 → □

⑨ 門《へい》店《てん》 → □

⑩ 遺《い》書《しょ》 → □

⑪ 翌《よく》口《じつ》 → □

光村6年③

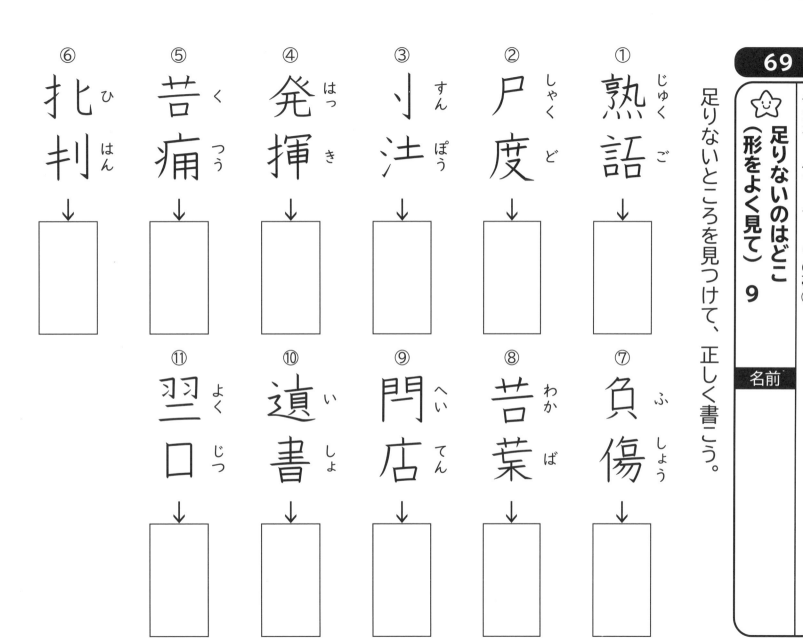

月　日

熟語の成り立ち①

## ☆足りないのはどこ（形をよく見て）10

名前

足りないところを見つけて、正しく書こう。

①　縦断《じゅうだん》　↓

②　頂点《ちょうてん》　↓

③　忠実《ちゅうじつ》　↓

④　誠実《せいじつ》　↓

⑤　大敵《てんてき》　↓

⑥　養蚕《ようさん》　↓

⑦　自己《じこ》　↓

⑧　除外《じょがい》　↓

⑨　仁愛《じんあい》　↓

⑩　温泉《おんせん》　↓

⑪　裏側《うらがわ》　↓

⑫　系図《けいず》　↓

月　日

熟語の成り立ち②／みんなで楽しく過ごすために

## 足りないのはどこ（形をよく見て）11

名前

足りないところを見つけて、正しく書こう。

① 同《どう》盟《めい》 ↓ □

② 意《い》欲《よく》 ↓ □

③ 株《かぶ》主《ぬし》 ↓ □

④ 改《かい》善《ぜん》 ↓ □

⑤ 班《はん》長《ちょう》 ↓ □

⑥ 危《あぶ》ない ↓ □

⑦ 時《じ》間《かん》割《わり》 ↓ □

⑧ 否《ひ》決《けつ》 ↓ □

⑨ 冬《とう》至《じ》 ↓ □

⑩ 住《じゅう》宅《たく》 ↓ □

⑪ 砂《さ》糖《とう》 ↓ □

⑫ 紅《こう》葉《よう》 ↓ □

月　日

話し言葉と書き言葉～『鳥獣戯画』を読む／発見、日本文化のみりょく①

# 足りないのはどこ（形をよく見て）12

名前

足りないところを見つけて、正しく書こう。

①　主《なま》卯《たまご》 ↓ □

②　牛《ぎゅう》孔《にゅう》 ↓ □

③　創《そう》造《ぞう》 ↓ □

④　濱《えん》奏《そう》 ↓ □

⑤　証《たん》主《じょう》 ↓ □

⑥　田《こん》難《なん》 ↓ □

⑦　看《かん》权《ばん》 ↓ □

⑧　筋《きん》内《にく》 ↓ □

⑨　凵《やま》盛《も》り ↓ □

⑩　骨《こっ》折《せつ》 ↓ □

⑪　巻《かん》木《まつ》 ↓ □

⑫　財《ざい》宝《ほう》 ↓ □

月　日

『鳥獣戯画』を読む／発見…②／カンジー博士の漢字学習のひ伝①

## ☆足りないのはどこ（形をよく見て）13

名前

足りないところを見つけて、正しく書こう。

① 故《こ》郷《きょう》
↓ □

② 敬《けい》遠《えん》
↓ □

③ 秋《ひ》密《みつ》
↓ □

④ 聖《せい》書《しょ》
↓ □

⑤ 絹《きぬ》糸《いと》
↓ □

⑥ 矣《さん》扞《ぱい》
↓ □

⑦ 鉄《てっ》鋼《こう》業《ぎょう》
↓ □

⑧ 死《し》亠《ぼう》
↓ □

⑨ 二《かん》満《まん》
↓ □

⑩ 観《かん》衆《しゅう》
↓ □

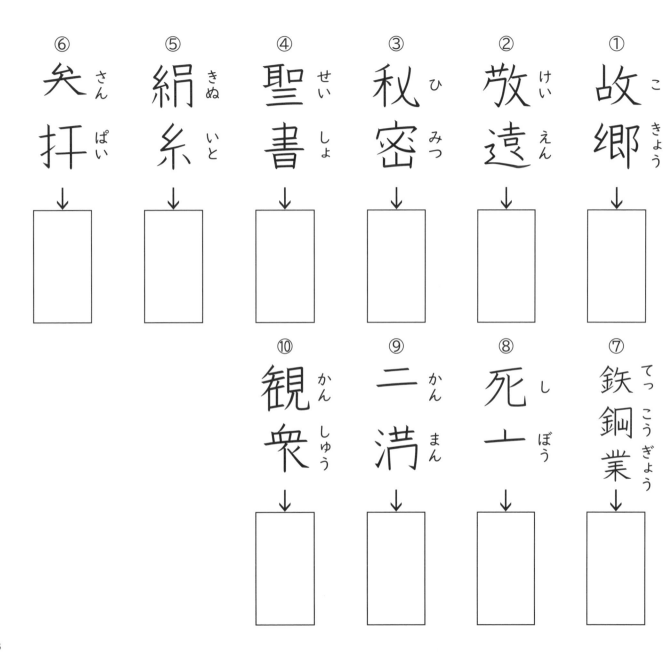

月　日

カンジー博士の漢字学習の秘伝②～おすすめパンフレットを作ろう

## 足りないのはどこ（形をよく見て）14

名前

足りないところを見つけて、正しく書こう。

① 郵《ゆう》送《そう》 ↓ □

② 家《や》賃《ちん》 ↓ □

③ 孝《こう》行《こう》 ↓ □

④ 預《よ》金《きん》 ↓ □

⑤ 穀《こく》物《もつ》 ↓ □

⑥ 米《こめ》俵《だわら》 ↓ □

⑦ 通《つう》訳《やく》 ↓ □

⑧ 忘《わす》れ物《もの》 ↓ □

⑨ 寒《かん》暖《だん》 ↓ □

⑩ 歌《か》詞《し》 ↓ □

光村6年③

# 漢字を入れよう 12

名前

文を読んで、ぴったりの漢字を入れよう。

①大通りの街路□が、いっせいに色づいた。

②遊園地で、日本一大きな観□車に乗った。

③洋服の□札を見て、ねだんにおどろいた。

④リモコンで、テレビの電□を入れる。

⑤入院していた父が、今日□院する。

⑥この建物の中は、土足□禁です。

⑦運動会で、赤組が□勝した。

⑧名たんていが、事件の犯人を□理する。

ヒント　優　樹　源　値　推　覧　退　厳

月　日

インターネットでニュースを読もう②～やまなし／イーハトーヴの夢①

# 漢字を入れよう 13

名前

文を読んで、ぴったりの漢字を入れよう。

①お金や時計などの、□重品をあずける。

②学級全員で、このことの解決□を考える。

③服を洗ったら、□んで小さくなった。

④鉄□で、連続逆上がりを練習する。

⑤完□のトマトを使って、イタリア料理を作る。

⑥まき□を使って、ろう下の長さを測る。

⑦一□の虫にも、五分のたましい。

⑧音楽会で、先生が合唱の指□をする。

ヒント　縮　揮　熟　尺　寸　策　貴　棒

77

月　日

やまなし／イーハトーヴの夢②

# 漢字を入れよう　14

名前

文を読んで、ぴったりの漢字を入れよう。

①虫歯が□いので、歯医者に行った。

②自分の事はさておいて、友人を□判する。

③消毒薬で、□の手当てをする。

④このコンサートの来場者は、□者が多い。

⑤目の前で、エレベーターのドアが□まった。

⑥この建物は、世界□産に登録されている。

⑦早くねた日の□朝は、早く目が覚める。

ヒント　若　閉　傷　遺　翌　痛　批

月　日

熟語の成り立ち①

## 漢字を入れよう 15

名前

文を読んで、ぴったりの漢字を入れよう。

① 横書きではなくて、□書きで書いてください。

② 二時間かかって、山の□上にたどり着く。

③ 先生の教えを、□実に守っている。

④ あの人は、うそをつかない□実な人がらだ。

⑤ 今度の相手は強□で、負けるかもしれない。

⑥ きぬ糸は、□のまゆから糸をとる。

⑦ 新しいクラスで、自□しょうかいをする。

⑧ 大雪で、□雪の作業に追われる。

ヒント　敵　頂　誠　除　忠　縦　己　蚕

月　日

熟語の成り立ち②／みんなで楽しく過ごすために①

# 漢字を入れよう 16

名前

文を読んで、ぴったりの漢字を入れよう。

①「医は□術なり。」という格言がある。

②有名な温□に入って、のんびり過ごす。

③このトランプを、二枚□返してください。

④地球は、太陽□の三番目のわく星です。

⑤世界中の多くの国が、国連に加□している。

⑥おいしそうなにおいに、食□がそそられる。

⑦森の中で、木の切り□に座る。

⑧物事の□悪を考えて、行動する。

ヒント　裏　系　盟　善　仁　泉　欲　株

月　日

みんなで楽しく過ごすために②

# 漢字を入れよう 17

名前

文を読んで、ぴったりの漢字を入れよう。

①グループごとに、□長を決める。

②池や川など、□険な場所には近寄らない。

③ガラスのコップを、落として□ってしまった。

④あの人は、相手の話を全て□定する。

⑤急ぐので、□急、先生に知らせてください。

⑥祖父の家に、荷物を□配便で送る。

⑦あまいものを食べずに、□分をひかえる。

⑧母が、鏡を見ながら口□をぬる。

ヒント　割　危　宅　班　糖　否　至　紅

月　日

話し言葉と書き言葉～『鳥獣戯画』を読む／発見、日本文化のみりょく①

光村6年④

# 漢字を入れよう 18

名前

文を読んで、ぴったりの漢字を入れよう。

①オムレツを作るのに、□を二個使う。

②給食の時、毎日牛□を飲んでいる。

③明日は、学校の□立記念日で休みだ。

④音楽会で、いろんな楽器を使って合□する。

⑤母の□生日のお祝いに、ケーキを買う。

⑥うまくいかなくて、ほとほと□り果てる。

⑦母が、病気の弟の□病をする。

⑧ジムのトレーニングで、□肉をきたえる。

ヒント　乳　誕　創　卵　困　筋　看　奏

月　日

『鳥獣戯画』を読む／発見…②／カンジー博士の漢字学習のひ伝①

# 漢字を入れよう 19

名前

文を読んで、ぴったりの漢字を入れよう。

①大きなお皿に、料理を□りつける。

②自転車で転んで、足の□を折る。

③節分の日に、□きずしを食べる。

④この仏像は、国□に指定されている。

⑤久しぶりに、父の故□をおとずれる。

⑥目上の人には、□語を使って話す。

⑦森の中で、神□的な光景を目にする。

⑧オリンピックの、□火ランナーを務める。

ヒント　敬　郷　骨　宝　秘　聖　巻　盛

月　日

カンジー博士の漢字学習の秘伝②

# 漢字を入れよう　20

名前

文を読んで、ぴったりの漢字を入れよう。

①シルクロードを通って、□織物が運ばれた。

②お正月に、家族で神社を参□する。

③この岩は、□鉄のようにかたい。

④昨日の火事で、老人二人が死□した。

⑤天気が良いので、洗たく物を外に□す。

⑥国会には、□議院と参議院がある。

⑦はがきに、□便番号と住所を書く。

⑧バスの運□箱に、お金を入れる。

ヒント　鋼　干　絹　亡　郵　衆　賃　拝

光村6年④

# 漢字を入れよう 21

カンジー博士の漢字学習の秘伝③～おすすめパンフレットを作ろう

名前

光村6年④

文を読んで、ぴったりの漢字を入れよう。

①いつもいそがしい両親に、親□行をする。

②母が、銀行にお金を□けに行く。

③米や麦などの、□物をたくさん食べる。

④力士は、土□の上ですもうをとる。

⑤そんな勝手な言い□は、聞きたくない。

⑥宿題を□れていたので、大急ぎでやった。

⑦今日は、春の日差しで、とても□かい。

⑧あの歌手は、自分で作□作曲をする。

ヒント　俵　預　孝　穀　忘　訳　暖　詞

# 3 学期

月　日



85

# かくれたパーツをさがせ 29

名前

かくれたパーツをさがして、完成させよう。

①
良□《ロウ》

□《ものがたり》の□《ろうどく》。

②
□匈《むね》

□《むね》が□《あつ》くなる。

③
□《かた》

□《かたがわ》を□《つうこう》する。

④
□《ゲキ》

□《れきし》のある□《げきじょう》。

⑤
□寽《ショウ》

□《しょうらい》の□《ゆめ》。

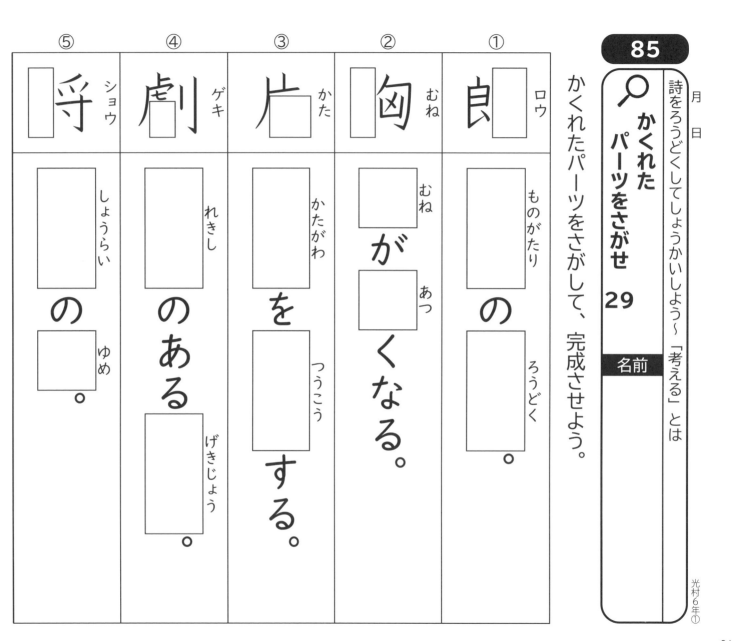

86

月　日

使える言葉にするために①

## かくれたパーツをさがせ

30

名前

かくれたパーツをさがして、完成させよう。

① □《コウ》

□《こうきょ》の□《まわ》り。

② □《ゴウ》

□《こうごう》のお□《しゃしん》。

③ □《ヘイ》

□《へいか》のお□《ことば》。

④ □《ケン》

□《がいこく》の□《けんぽう》。

⑤ □《トウ》

□《せいとう》

□《せいじ》

⑥ □《カク》

□《ないかく》の□《しごと》。

光村6年①

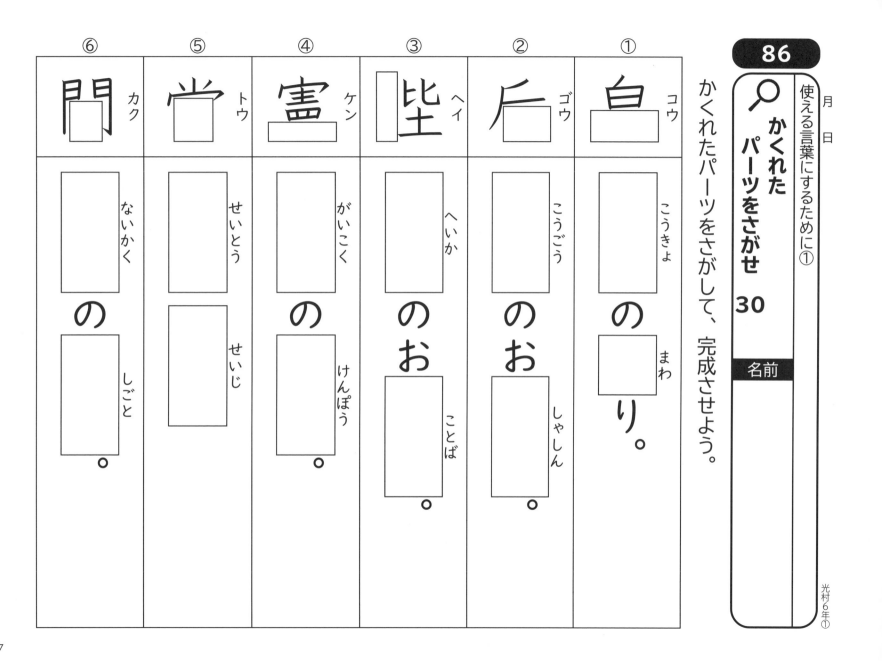

**87**

月　日

使える言葉にするために②

## かくれたパーツをさがせ 31

名前

かくれたパーツをさがして、完成させよう。

| | ① | ② | ③ | ④ | ⑤ |
|---|---|---|---|---|---|
| 漢字 | □（カク） | □示（シュウ） | □（た(れる)） | □（ソウ） | □兹（ジ） |
| 文 | □《せいじ》の□《かいかく》。 | □《せかい》の□《しゅうきょう》。 | □《あまみず》が□《た》れる。 | □《ちそう》を□《しら》べる。 | □《じしゃく》の□《なんぼく》。 |

光村6年①

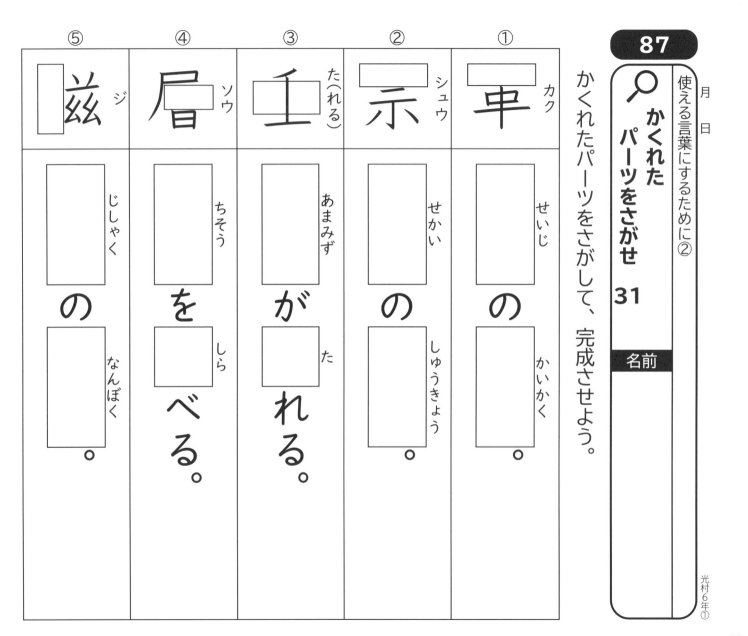

88

# かくれたパーツをさがせ 32

月　日

大切にしたい言葉／今、私は、ぼくは

名前

かくれたパーツをさがして、完成させよう。

① □木《ソウ》
□《たいそう》の□《きょうぎ》。

② □甫《ホ》
□《ほきょう》の□《こうじ》。

③ □旦《タン》
□《たんとう》する□《ぶぶん》。

④ 次□《シ》
□《しせい》が□《わる》い。

⑤ □寸《トウ》
□《もんだいてん》の□《けんとう》。

⑥ 叀□《セン》
お□《としょ》り□《せんよう》。

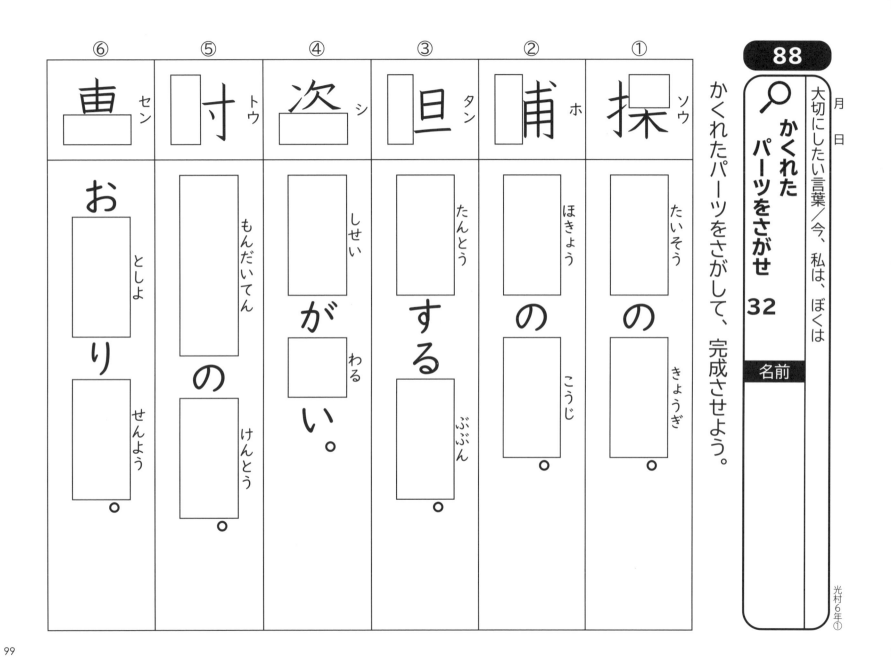

# かくれたパーツをさがせ 33

海の命

月　日

名前

かくれたパーツをさがして、完成させよう。

①
□朝《しお》
□《しお》の□《み》ち□《ひ》き。

②
□十《シン》
□《とけい》の□《びょうしん》。

③
□八《あな》
□《あなば》の□《みせ》。

④
厂□《はい》
□《はいいろ》の□《ようふく》。

⑤
奞□《ふる(う)》
□《ゆうき》を□《ふる》う。

⑥
□斉《サイ》
□《せいじ》と□《けいざい》。

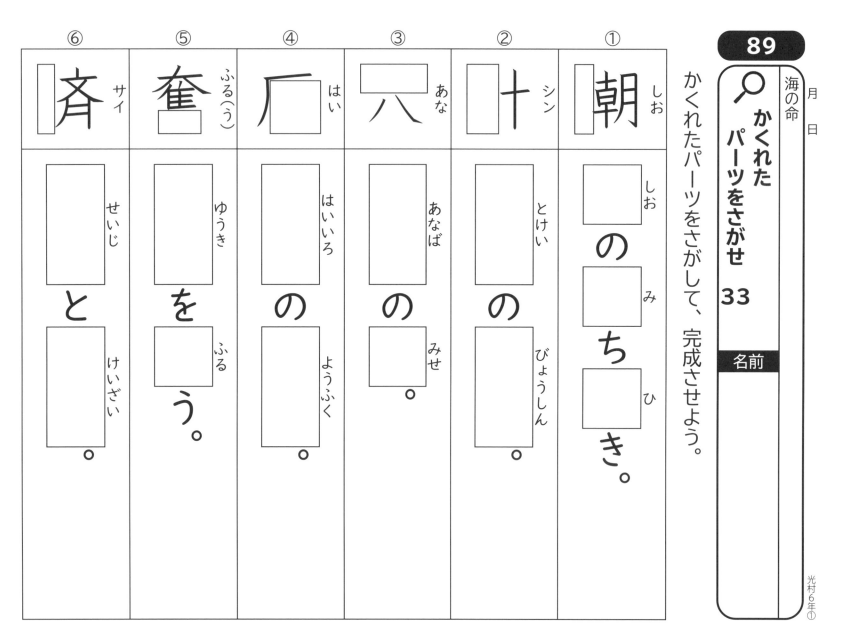

月　日

詩をろう読してしょうかいしよう〜使える言葉にするために①

# ✚ 漢字足し算 22

名前

光村6年②

漢字の足し算をしよう。

＊答えの漢字でことばを作ろう。

① 良＋月＝□→→→→□

② 月＋勹＋㐅＋凵＝□→□

③ 丿＋丄＋㇆＝□→→→□

④ 声＋七＋豕＋刂＝□→□

⑤ 丬＋爫＋寸＝□→→→□

⑥ 白＋王＝□→→→→□

⑦ 厂＋一＋口＝□→→→□

⑧ 阝＋比＋土＝□→→→□

月　日

使える言葉にするために②

# ＋漢字足し算 23

名前

漢字の足し算をしよう。

＊答えの漢字でことばを作ろう。

① 宀＋⺤＋罒＋心＝□→□

② 𭕄＋口＋儿＝□→→→□

③ 門＋夂＋口＝□→→→□

④ 廿＋口＋十＝□→→→□

⑤ 宀＋二＋小＝□→→→□

⑥ ノ＋毌＋上＝□→→→□

⑦ 尸＋丷＋田＋日＝□→□

⑧ 石＋亚＋幺＋幺＝□→□

92

月　日

大切にしたい言葉／今、私は、ぼくは

# 漢字足し算 24

名前

漢字の足し算をしよう。

＊答えの漢字でことばを作ろう。

① 扌＋品＋木＝□→→→□

② 衤＋冃＋亅＝□→→→□

③ 扌＋日＋一＝□→→→□

④ 冫＋欠＋女＝□→→→□

⑤ 言＋寸＝□→→→→□

⑥ 一＋由＋寸＝□→→→□

光村6年②

93

# ✚漢字足し算 25

海の命

月　日

名前

漢字の足し算をしよう。

＊答えの漢字でことばを作ろう。

① 氵＋卓＋月＝□↓↓↓□

② 𠆢＋玉＋十＝□↓↓↓□

③ 宀＋八＝□↓↓↓↓↓□

④ 厂＋丷＋人＝□↓↓↓□

⑤ 亠＋隹＋田＝□↓↓↓□

⑥ 氵＋文＋月＝□↓↓↓□

光村6年②

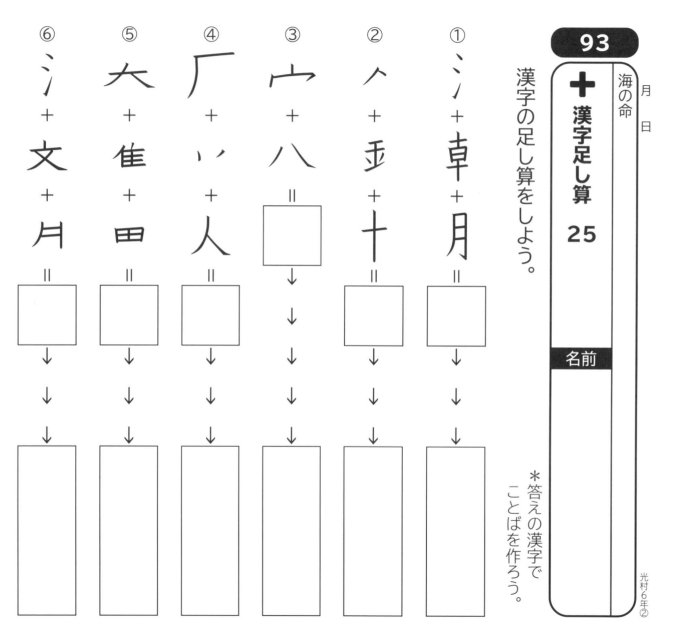

94

月　日

詩をろうどくしてしょうかいしよう～使える言葉にするために①

## 足りないのはどこ（形をよく見て）15

名前

足りないところを見つけて、正しく書こう。

① 朗《ろう》読《どく》 ↓ □

② 度《ど》胸《きょう》 ↓ □

③ 片《かた》道《みち》 ↓ □

④ 演《えん》劇《げき》 ↓ □

⑤ 将《しょう》軍《ぐん》 ↓ □

⑥ 大《てん》呈《のう》 ↓ □

⑦ 呈《こう》后《ごう》 ↓ □

⑧ 陛《へい》下《か》 ↓ □

⑨ 憲《けん》法《ぽう》 ↓ □

⑩ 党《とう》首《しゅ》 ↓ □

光村6年③

## 足りないのはどこ（形をよく見て）16

名前

足りないところを見つけて、正しく書こう。

① 大《てん》守《しゅ》閣《かく》 ↓ □

② 革《かく》合《めい》 ↓ □

③ 宗《しゅう》教《きょう》 ↓ □

④ 垂《すい》直《ちょく》 ↓ □

⑤ 断《だん》層《そう》 ↓ □

⑥ 磁《じ》刀《りょく》 ↓ □

⑦ 操《そう》作《さ》 ↓ □

⑧ 補《ほ》給《きゅう》 ↓ □

⑨ 担《たん》任《にん》 ↓ □

⑩ 晴《は》れ姿《すがた》 ↓ □

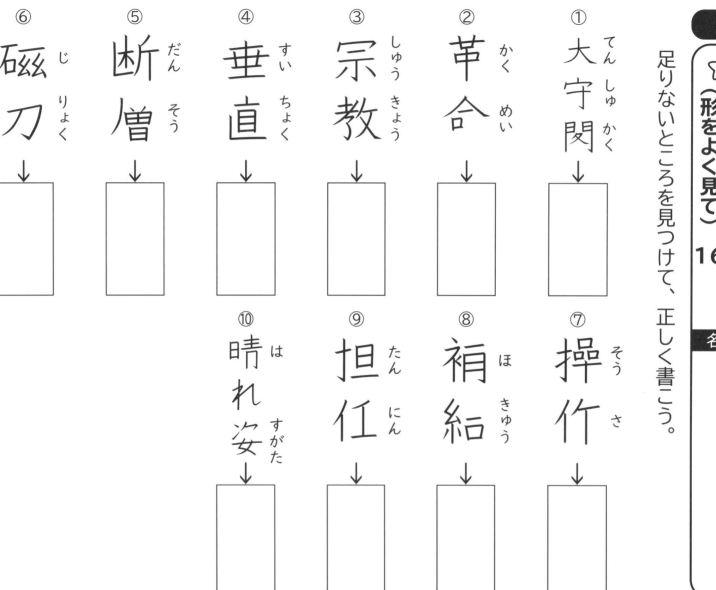

月　日

**96**

今、私は、ぼくは／海の命

## ☆足りないのはどこ（形をよく見て）17

名前

足りないところを見つけて、正しく書こう。

① 討《とう》議《ぎ》 →

② 専《せん》門《もん》 →

③ 風《ふう》潮《ちょう》 →

④ 方《ほう》針《しん》 →

⑤ 穴《あな》場《ば》 →

⑥ 灰《はい》色《いろ》 →

⑦ 興《こう》奮《ふん》 →

⑧ 返《へん》済《さい》 →

詩をろう読してしょうかいしよう〜使える言葉にするために①

光村６年④

月　日

# 97

## 漢字を入れよう　22

名前

文を読んで、ぴったりの漢字を入れよう。

① みんなの前で、作った詩を □ 読する。

② 良い結果が出そうで、期待に □ をふくらます。

③ うっかりして、手ぶくろの □ 方をなくす。

④ この □ 場では、ミュージカルをやっている。

⑤ 歴史が好きで、戦国武 □ の名前を覚える。

⑥ 天 □ のお住まいを、居と言う。

⑦ 天のうと、こう □ のお写真。

⑧ 天のう □ 下の、お言葉をいただく。

ヒント　劇　后　片　皇　将　朗　胸　陛

使える言葉にするために②

月　日

# 漢字を入れよう 23

名前

文を読んで、ぴったりの漢字を入れよう。

①五月三日は、□法記念日です。

②選挙で、投票する政□を選ぶ。

③新しい内□総理大臣が、演説をする。

④新しい政府が、教育制度を改□する。

⑤キリスト教などの、□教について学ぶ。

⑥おいしそうなにおいに、よだれを□らす。

⑦東京には、高□ビルがたくさん建っている。

⑧方位□石で、南の方角をさがす。

ヒント　層　閣　磁　党　垂　革　憲　宗

光村6年④

# 漢字を入れよう 24

名前

月　日

大切にしたい言葉／今、私は、ぼくは

文を読んで、ぴったりの漢字を入れよう。

①体育の初めに、準備体□をする。

②お茶を飲んで、水分を□給する。

③朝の会で、□任の先生が話をする。

④背筋をのばして、□勢良く座る。

⑤テレビで、政治についての□論会があった。

⑥この道は、九時までバス□用レーンです。

ヒント　補　担　操　討　専　姿

月　日

海の命



## 漢字を入れよう 25

名前

文を読んで、ぴったりの漢字を入れよう。

① 海岸で、□風にふかれて気持ちがよい。

② 時計の□が、ちょうど十二時を指す。

③ いたずらで、砂場に落とし□をほる。

④ 火山がふん火して、街に火山□が積もる。

⑤ オリンピックで、日本の金メダルに興□する。

⑥ 時間が無く、大急ぎで朝食を□ませる。

ヒント　灰　済　奮　穴　潮　針

# 答え

（解答例）

## 1

月　日

帰り道①

**かくれたパーツをさがせ　1**

名前

かくれたパーツをさがして、完成させよう。

① 視《シ》　視点《してん》を変《か》える。

② 砂《すな》　砂場《すなば》で遊《あそ》ぶ。

③ 腹《はら》　腹《はら》が立《た》つ話《はなし》。

④ 段《ダン》　文章《ぶんしょう》の段落《だんらく》。

⑤ 並《なら(べる)》　並《なら》べ方《かた》を考《かんが》える。

⑥ 降《お(りる)》　駅《えき》で降《お》りる。

光村6年①



## 2

月　日

帰り道②

**かくれたパーツをさがせ　2**

名前

かくれたパーツをさがして、完成させよう。

① 認《みと(める)》　実力《じつりょく》を認《みと》める。

② 洗《セン》　清潔《せいけつ》な洗面所《せんめんじょ》。

③ 異《イ》　特異《とくい》な才能《さいのう》。

④ 純《ジュン》　単純《たんじゅん》な計算《けいさん》。

⑤ 射《い(る)》　矢《や》を射《い》る。

⑥ 背《ハイ》　写真《しゃしん》の背景《はいけい》。



## 3

月　日

帰り道③／公共図書館を活用しよう①

**かくれたパーツをさがせ　3**

名前

かくれたパーツをさがして、完成させよう。

① 捨《す(てる)》　ごみ捨《す》て禁止《きんし》。

② 舌《した》　舌《した》を出《だ》す。

③ 乱《ラン》　民族《みんぞく》の反乱《はんらん》。

④ 域《イキ》　地域《ちいき》や社会《しゃかい》。

⑤ 誌《シ》　雑誌《ざっし》の表紙《ひょうし》。

⑥ 映《エイ・うつ(す)》　映画《えいが》を映《うつ》す。

光村6年①



## 4

月　日

公共図書館を活用しよう②／漢字の形と音・意味①

**かくれたパーツをさがせ　4**

名前

かくれたパーツをさがして、完成させよう。

① 拡《カク》　広場《ひろば》の拡張《かくちょう》。

② 展《テン》　展示《てんじ》の内容《ないよう》。

③ 蔵《ゾウ》　お地蔵様《じぞうさま》

④ 訪《たず(ねる)》　外国《がいこく》を訪《たず》ねる。

⑤ 我《われ》　我《われ》は海《うみ》の子《こ》。

⑥ 承《ショウ》　伝承《でんしょう》遊《あそ》び

光村6年①

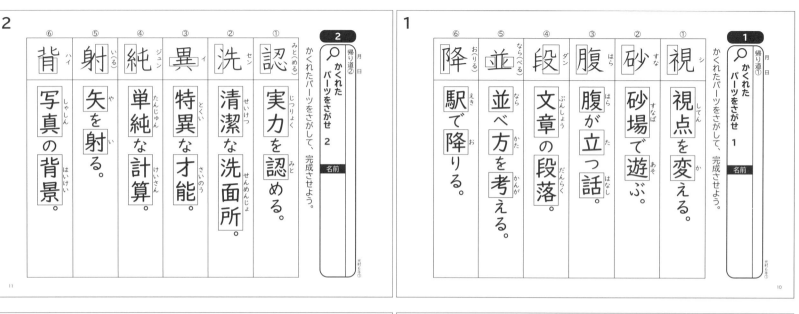

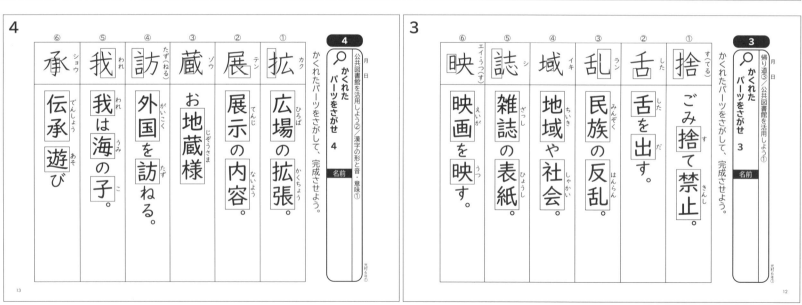

## 5

**5**　漢字の形と音・意味②
**かくれたパーツをさがせ 5**
月　日　名前

かくれたパーツをさがして、完成させよう。

① 蒸（ジョウ）　蒸気《じょうき》機関車《きかんしゃ》
② 処（ショ）　応急《おうきゅう》処置《しょち》
③ 就（シュウ）　就職《しゅうしょく》が決《き》まる。
④ 臨（リン）　臨時《りんじ》停車《ていしゃ》する。
⑤ 従（したが(う)）　指示《しじ》に従《したが》う。
⑥ 恩（オン）　命《いのち》の恩人《おんじん》。

光村6年①

14

## 6

**6**　漢字の形と音・意味③
**かくれたパーツをさがせ 6**
月　日　名前

かくれたパーツをさがして、完成させよう。

① 裁（サイ）　裁判所《さいばんしょ》の見学《けんがく》。
② 律（リツ）　法律《ほうりつ》を守《まも》る。
③ 脳（ノウ）　脳波《のうは》を調《しら》べる。
④ 臓（ゾウ）　心臓《しんぞう》と血液《けつえき》。
⑤ 腸（チョウ）　大腸《だいちょう》が悪《わる》い。
⑥ 肺（ハイ）　肺《はい》の病気《びょうき》。

光村6年①

15

## 7

**7**　漢字の形と音・意味④／笑うから楽しい／時計の時間と心の時間①
**かくれたパーツをさがせ 7**
月　日　名前

かくれたパーツをさがして、完成させよう。

① 胃（イ）　胃薬《いぐすり》を飲《の》む。
② 私（シ）　私語《しご》を禁《きん》じる。
③ 密（ミツ）　密接《みっせつ》な関係《かんけい》。
④ 呼（コ）　点呼《てんこ》をとる。
⑤ 吸（す(う)）　息《いき》を吸《す》う。
⑥ 存（ソン）　人間《にんげん》の存在《そんざい》。

光村6年①

16

## 8

**8**　笑うから楽しい／時計の時間と心の時間②
**かくれたパーツをさがせ 8**
月　日　名前

かくれたパーツをさがして、完成させよう。

① 刻（きざ(む)）　心《こころ》に刻《きざ》む。
② 激（はげ(しい)）　激《はげ》しく流《なが》れる。
③ 簡（カン）　簡単《かんたん》な文章《ぶんしょう》。
④ 机（つくえ）　教室《きょうしつ》の机《つくえ》。
⑤ 難（むずか(しい)）　難《むずか》しい仕事《しごと》。
⑥ 疑（うたが(う)）　人《ひと》を疑《うたが》う。

光村6年①

17

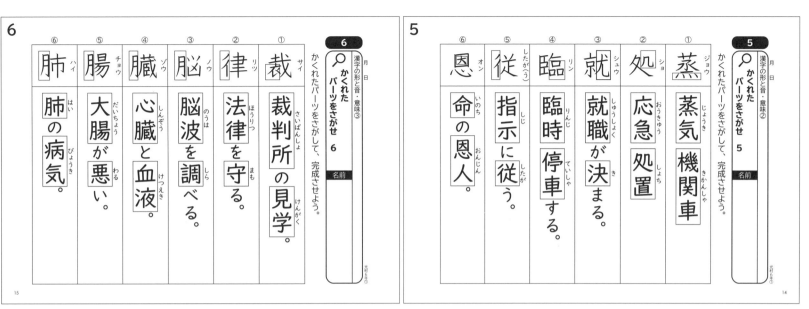

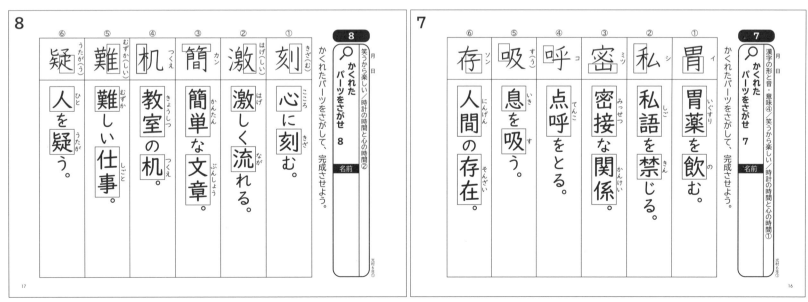

## 9

文の組み立て①
月　日

**かくれたパーツをさがせ** 9

名前

かくれたパーツをさがして、完成させよう。

① 券（ケン）　食券《しょっけん》を買《か》う。

② 障（ショウ）　障子《しょうじ》を張《は》る。

③ 派（ハ）　立派《りっぱ》な演説《えんぜつ》。

④ 警（ケイ）　建物《たてもの》の警備《けいび》。

⑤ 署（ショ）　署名《しょめい》を集《あつ》める。

⑥ 銭（セン）　銭湯《せんとう》に行《い》く。

光村6年①



## 10

文の組み立て②
月　日

**かくれたパーツをさがせ** 10

名前

かくれたパーツをさがして、完成させよう。

① 勤（キン）　会社《かいしゃ》に出勤《しゅっきん》する。

② 諸（ショ）　世界《せかい》諸国《しょこく》

③ 供（そな(える)）　墓《はか》に花《はな》を供《そな》える。

④ 収（おさ(める)）　成功《せいこう》を収《おさ》める。

⑤ 納（おさ(める)）　商品《しょうひん》を納《おさ》める。

⑥ 枚（マイ）　二枚《にまい》の写真《しゃしん》。

光村6年①



## 11

文の組み立て③／たのしみは／天地の文
月　日

**かくれたパーツをさがせ** 11

名前

かくれたパーツをさがして、完成させよう。

① 染（そ(める)）　真《ま》っ赤《か》に染《そ》める。

② 宣（セン）　平和《へいわ》の宣言《せんげん》。

③ 暮（く(らす)）　昔《むかし》の暮《く》らし。

④ 探（さが(す)）　友達《ともだち》を探《さが》す。

⑤ 座（ザ）　座席《ざせき》を増《ふ》やす。

⑥ 幼（おさな(い)）　幼《おさな》い弟《おとうと》。

光村6年①



## 12

デジタル機器と私たち／私と本／星空をとどけたい①
月　日

**かくれたパーツをさがせ** 12

名前

かくれたパーツをさがして、完成させよう。

① 著（チョ）　小説《しょうせつ》の著者《ちょしゃ》。

② 権（ケン）　権利《けんり》と義務《ぎむ》。

③ 尊（とうと(い)）　尊《とうと》い神《かみ》。

④ 庁（チョウ）　市庁舎《しちょうしゃ》の案内《あんない》。

⑤ 装（ソウ）　登山《とざん》の装備《そうび》。

⑥ 届（とど(く)）　心《こころ》に届《とど》く。

光村6年①

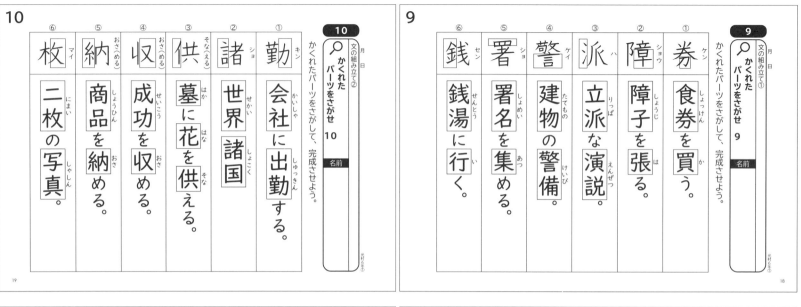

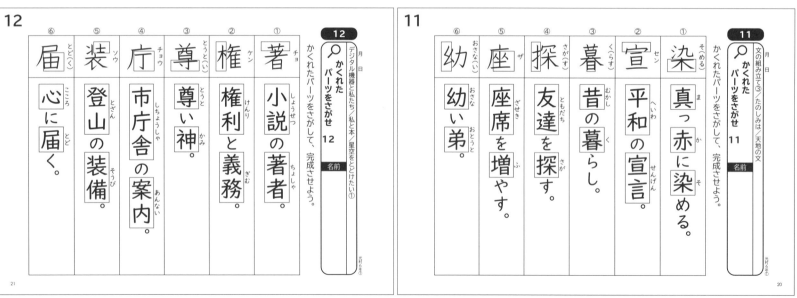

## 13

**13** 月　日

私と本／星空を届けたい②

**かくれたパーツをさがせ 13**

名前

かくれたパーツをさがして、完成させよう。

① 沿《エン》　沿岸《えんがん》漁業《ぎょぎょう》

② 冊《サツ》　本《ほん》を三冊《さんさつ》借《か》りる。

③ 宇《ウ》　宇宙《うちゅう》飛行士《ひこうし》

④ 宙《チュウ》　三回宙返《ちゅうがえ》り

⑤ 俳《ハイ》　短歌《たんか》と俳句《はいく》。

⑥ 誤《ゴ》　誤字《ごじ》を見《み》つける。

光村6年①



## 14

**14** 月　日

私と本／星空を届けたい③

**かくれたパーツをさがせ 14**

名前

かくれたパーツをさがして、完成させよう。

① 幕《マク》　プロ野球《やきゅう》の開幕《かいまく》。

② 晩《バン》　晩《ばん》ご飯《はん》の前《まえ》。

③ 模《ボ》　規模《きぼ》が小《ちい》さい。

④ 窓《まど》　市役所《しやくしょ》の窓口《まどぐち》。

⑤ 延《エン》　延長戦《えんちょうせん》で敗《やぶ》れる。

⑥ 論《ロン》　結論《けつろん》を出《だ》す。

光村6年①

## 15

月　日　帰り道①

**＋漢字足し算 1**

名前

漢字の足し算をしよう。

① ネ＋目＋儿＝視 → 近視
② 石＋小＋ノ＝砂 → 砂鉄
③ 月＋𠂉＋日＋夂＝腹 → 満腹
④ 𠂤＋几＋又＝段 → 階段
⑤ ソ＋一＋业＝並 → 並木
⑥ 阝＋夂＋牛＝降 → 降参
⑦ 言＋刃＋心＝認 → 認め印
⑧ 氵＋生＋儿＝洗 → 洗車

＊答えの漢字でことばを作ろう。

光村6年②

24

## 16

月　日　帰り道②

**＋漢字足し算 2**

名前

漢字の足し算をしよう。

① 田＋丗＋八＝異 → 異性
② 糸＋ㄩ＋し＝純 → 純金
③ 身＋ノ＋寸＝射 → 注射
④ 北＋月＝背 → 背後
⑤ 扌＋人＋土＋口＝捨 → 捨て身
⑥ 千＋口＝舌 → ねこ舌
⑦ 一＋古＋し＝乱 → 混乱

＊答えの漢字でことばを作ろう。

光村6年②

25

## 17

月　日　公共図書館を活用しよう

**＋漢字足し算 3**

名前

漢字の足し算をしよう。

① 土＋口＋戈＝域 → 流域
② 言＋士＋心＝誌 → 雑誌
③ 日＋冂＋人＝映 → 映像
④ 扌＋广＋ム＝拡 → 拡張
⑤ 尸＋丗＋以＝展 → 発展
⑥ 艹＋厂＋臣＋戈＝蔵 → 冷蔵庫
⑦ 言＋亠＋力＝訪 → 訪問

＊答えの漢字でことばを作ろう。

光村6年②

26

## 18

月　日　漢字の形と音・意味①

**＋漢字足し算 4**

名前

漢字の足し算をしよう。

① ノ＋扌＋戈＝我 → 我ら
② 了＋三＋八＝承 → 承知
③ 艹＋丞＋一＋灬＝蒸 → 蒸発
④ 夂＋几＝処 → 処理
⑤ 京＋尤＋丶＝就 → 就職
⑥ 臣＋𠂉＋品＝臨 → 臨時
⑦ 彳＋业＋疋＝従 → 従業員
⑧ 冂＋大＋一＋心＝恩 → 恩返し

＊答えの漢字でことばを作ろう。

光村6年②

27

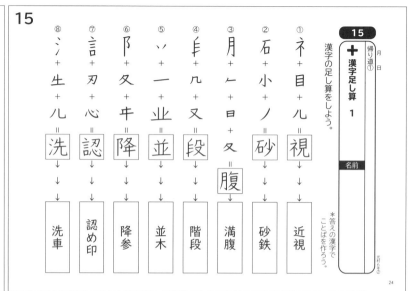

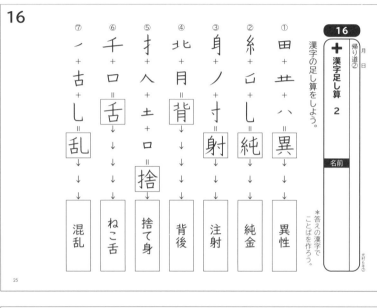

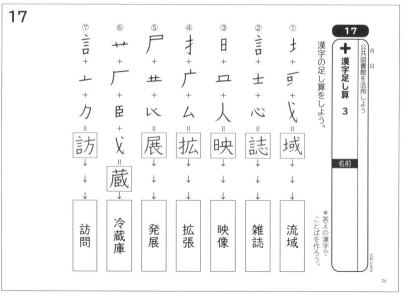

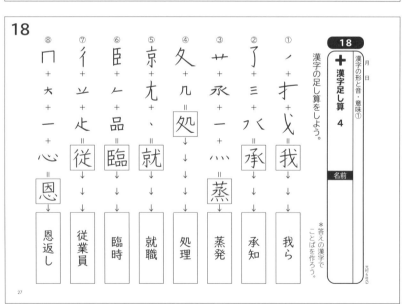

## 19

19
月　日

**漢字足し算 5**

漢字の形と音・意味②

名前

漢字の足し算をしよう。

＊答えの漢字でことばを作ろう。

① 土 + 衣 + 戈 = 裁 → 裁く
② 彳 + ヨ + 丰 = 律 → 規律
③ 月 + ⺍ + メ + 山 = 脳 → 頭脳
④ 月 + 艹 + 厓 + 戈 = 臓 → 臓器
⑤ 月 + 日 + 勿 = 腸 → 大腸
⑥ 月 + 亠 + 巾 = 肺 → 心肺
⑦ 田 + 月 = 胃 → 胃薬



## 20

20
月　日

**漢字足し算 6**

笑うから楽しい／時計の時間と心の時間①

名前

漢字の足し算をしよう。

＊答えの漢字でことばを作ろう。

① 禾 + 厶 = 私 → 私服
② 宀 + 必 + 山 = 密 → 密集
③ 口 + ノ + 丷亅 = 呼 → 連呼
④ 口 + 乃 + ㇏ = 吸 → 吸引
⑤ ナ + 丨 + 子 = 存 → 存在
⑥ 亠 + 亥 + 刂 = 刻 → 深刻
⑦ 氵 + 白 + 方 + 攵 = 激 → 感激
⑧ ⺮ + 門 + 日 = 簡 → 簡潔



## 21

21
月　日

**漢字足し算 7**

笑うから楽しい／時計の時間と心の時間②／文の組み立て①

名前

漢字の足し算をしよう。

＊答えの漢字でことばを作ろう。

① 木 + 几 = 机 → 長机
② 艹 + 口 + 夫 + 隹 = 難 → 非難
③ ヒ + 矢 + マ + 疋 = 疑 → 疑問
④ ⺍ + 二 + 人 + 刀 = 券 → 商品券
⑤ 阝 + 立 + 早 = 障 → 故障
⑥ 氵 + 𠂆 + く = 派 → 特派員
⑦ 艹 + 句 + 攵 + 言 = 警 → 警察
⑧ 罒 + 耂 + 日 = 署 → 署長



## 22

22
月　日

**漢字足し算 8**

文の組み立て②

名前

漢字の足し算をしよう。

＊答えの漢字でことばを作ろう。

① 金 + 三 + 戈 = 銭 → 金銭
② 艹 + 里 + 力 = 勤 → 通勤
③ 言 + 耂 + 日 = 諸 → 諸君
④ 亻 + 艹 + 八 = 供 → 提供
⑤ 丩 + 又 = 収 → 収集
⑥ 糸 + 冂 + 人 = 納 → 納税
⑦ 木 + 攵 = 枚 → 枚数
⑧ 氵 + 九 + 木 = 染 → 染め物

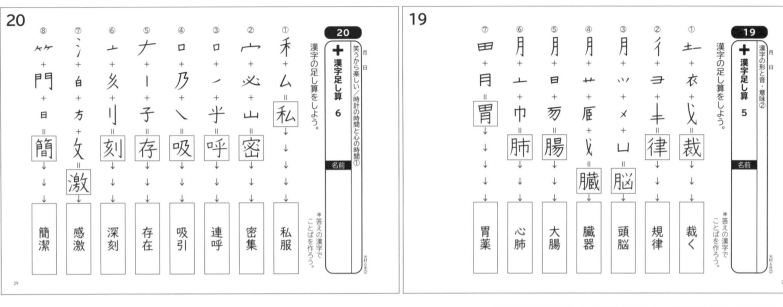

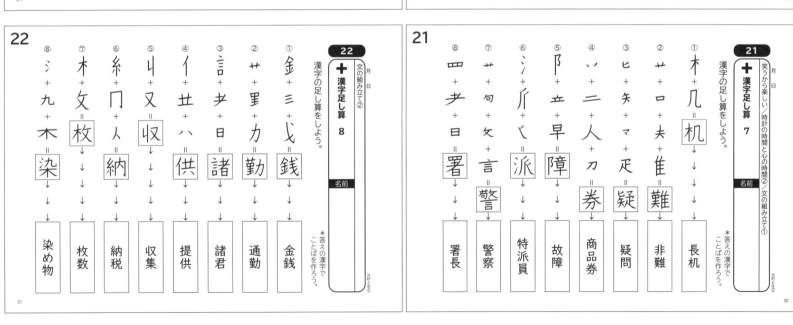

## 23

**23** ＋ 漢字足し算 9

文の組み立て③／たのしみは／天地の文／デジタル機器と私たち①

月　日　名前

漢字の足し算をしよう。

① 宀＋一＋日＋一＝宣 → 宣伝
② 艹＋日＋六＋日＝暮 → 夕暮れ
③ 扌＋冖＋儿＋木＝探 → 探検
④ 广＋人＋人＋土＝座 → 星座
⑤ 幺＋力＝幼 → 幼児
⑥ 艹＋耂＋日＝著 → 著書
⑦ 木＋𠂉＋隹＝権 → 権力
⑧ 丷＋酉＋寸＝尊 → 尊重

＊答えの漢字でことばを作ろう。

光村6年②

32

## 24

**24** ＋ 漢字足し算 10

デジタル機器と私たち②／私と本／星空をとどけたい①

月　日　名前

漢字の足し算をしよう。

① 广＋丁＝庁 → 県庁
② 丬＋士＋衣＝装 → 服装
③ 尸＋由＝届 → 届け物
④ 氵＋八＋口＝沿 → 沿岸
⑤ 冂＋‖＋一＝冊 → 別冊
⑥ 宀＋二＋亅＝宇 → 宇宙
⑦ 宀＋由＝宙 → 宙づり
⑧ 亻＋彐＋ヒ＝俳 → 俳句

＊答えの漢字でことばを作ろう。

光村6年②

33

## 25

**25** ＋ 漢字足し算 11

私と本／星空を届けたい②

月　日　名前

漢字の足し算をしよう。

① 言＋口＋乚＋八＝誤 → 誤解
② 艹＋日＋六＋巾＝幕 → 幕府
③ 日＋ク＋罒＋儿＝晩 → 朝晩
④ 木＋艹＋日＋大＝模 → 模型
⑤ 穴＋ム＋心＝窓 → 窓辺
⑥ ノ＋止＋廴＝延 → 延期
⑦ 言＋人＋一＋冊＝論 → 口論

＊答えの漢字でことばを作ろう。

光村6年②

34

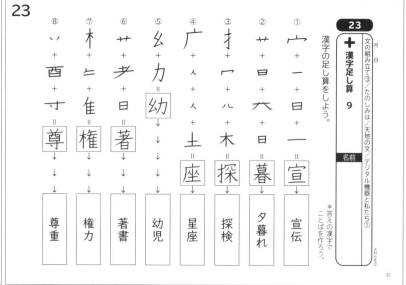

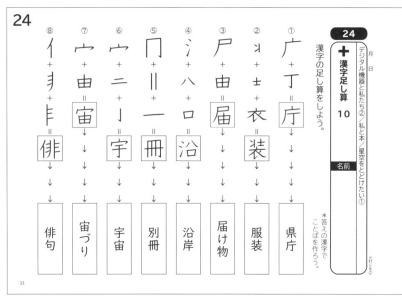

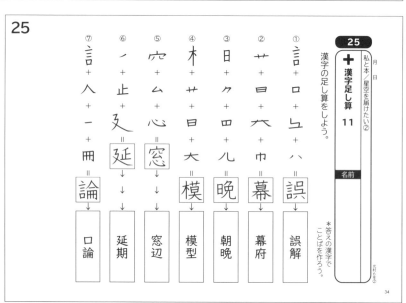

## 26

26 月 日
帰り道①
**足りないのはどこ（形をよく見て）1**
名前

足りないところを見つけて、正しく書こう。

① 《きんし》 → 近視
② 《さてつ》 → 砂鉄
③ 《まんぷく》 → 満腹
④ 《かいだん》 → 階段
⑤ 《なみき》 → 並木
⑥ 《こうさん》 → 降参
⑦ 《みとめいん》 → 認め印
⑧ 《せんしゃ》 → 洗車
⑨ 《いせい》 → 異性
⑩ 《じゅんきん》 → 純金
⑪ 《ちゅうしゃ》 → 注射
⑫ 《はいご》 → 背後

光村6年③

35

## 27

27 月 日
帰り道②／公共図書館を活用しよう／漢字の形と音・意味①
**足りないのはどこ（形をよく見て）2**
名前

足りないところを見つけて、正しく書こう。

① 《すてみ》 → 捨て身
② 《ねこじた》 → ねこ舌
③ 《こんらん》 → 混乱
④ 《りゅういき》 → 流域
⑤ 《ざっし》 → 雑誌
⑥ 《えいぞう》 → 映像
⑦ 《かくちょう》 → 拡張
⑧ 《はってん》 → 発展
⑨ 《れいぞうこ》 → 冷蔵庫
⑩ 《ほうもん》 → 訪問
⑪ 《われ》 → 我ら
⑫ 《しょうち》 → 承知

光村6年③

36

## 28

28 月 日
漢字の形と音・意味②
**足りないのはどこ（形をよく見て）3**
名前

足りないところを見つけて、正しく書こう。

① 《じょうはつ》 → 蒸発
② 《しょり》 → 処理
③ 《しゅうしょく》 → 就職
④ 《りんじ》 → 臨時
⑤ 《じゅうぎょういん》 → 従業員
⑥ 《おんがえし》 → 恩返し
⑦ 《さば》 → 裁く
⑧ 《きりつ》 → 規律
⑨ 《ずのう》 → 頭脳
⑩ 《ぞうき》 → 臓器
⑪ 《だいちょう》 → 大腸
⑫ 《しんぱい》 → 心肺

光村6年③

37

## 29

29 月 日
漢字の形と音・意味③／笑うから楽しい／時計の時間と心の時間
**足りないのはどこ（形をよく見て）4**
名前

足りないところを見つけて、正しく書こう。

① 《いぐすり》 → 胃薬
② 《しふく》 → 私服
③ 《みっしゅう》 → 密集
④ 《れんこ》 → 連呼
⑤ 《きゅういん》 → 吸引
⑥ 《そんざい》 → 存在
⑦ 《しんこく》 → 深刻
⑧ 《かんげき》 → 感激
⑨ 《かんけつ》 → 簡潔
⑩ 《ながづくえ》 → 長机
⑪ 《ひなん》 → 非難
⑫ 《ぎもん》 → 疑問

光村6年③

38

## 30

30 文の組み立て①
月　日
足りないのはどこ（形をよく見て）5
名前

足りないところを見つけて、正しく書こう。

① 商品券《しょうひんけん》 → 商品券
② 故障《こしょう》 → 故障
③ 特派員《とくはいん》 → 特派員
④ 警察《けいさつ》 → 警察
⑤ 署長《しょちょう》 → 署長
⑥ 金銭《きんせん》 → 金銭
⑦ 通勤《つうきん》 → 通勤
⑧ 諸君《しょくん》 → 諸君
⑨ 提供《ていきょう》 → 提供
⑩ 収集《しゅうしゅう》 → 収集
⑪ 納税《のうぜい》 → 納税
⑫ 枚数《まいすう》 → 枚数

光村6年③



## 31

31 文の組み立て②〜私と本／ほし空をとどけたい①
月　日
足りないのはどこ（形をよく見て）6
名前

足りないところを見つけて、正しく書こう。

① 染《そ》め物《もの》 → 染め物
② 宣伝《せんでん》 → 宣伝
③ 夕暮《ゆうぐ》れ → 夕暮れ
④ 探検《たんけん》 → 探検
⑤ 星座《せいざ》 → 星座
⑥ 幼児《ようじ》 → 幼児
⑦ 著書《ちょしょ》 → 著書
⑧ 権力《けんりょく》 → 権力
⑨ 尊重《そんちょう》 → 尊重
⑩ 県庁《けんちょう》 → 県庁
⑪ 服装《ふくそう》 → 服装
⑫ 届《とど》け物《もの》 → 届け物

光村6年③



## 32

32 私と本／星空を届けたい②
月　日
足りないのはどこ（形をよく見て）7
名前

足りないところを見つけて、正しく書こう。

① 沿岸《えんがん》 → 沿岸
② 別冊《べっさつ》 → 別冊
③ 宇宙《うちゅう》 → 宇宙
④ 宙《ちゅう》づり → 宙づり
⑤ 俳句《はいく》 → 俳句
⑥ 誤解《ごかい》 → 誤解
⑦ 幕府《ばくふ》 → 幕府
⑧ 朝晩《あさばん》 → 朝晩
⑨ 模型《もけい》 → 模型
⑩ 窓辺《まどべ》 → 窓辺
⑪ 延期《えんき》 → 延期
⑫ 口論《こうろん》 → 口論

光村6年③

## 33

帰り道① 月 日

**漢字を入れよう 1**

名前

文を読んで、ぴったりの漢字を入れよう。

① 左目をかくして、右目の**視**力を測る。
② 妹は、公園の**砂**場で遊ぶのが好きだ。
③ ご飯を三ばいも食べたので、満**腹**です。
④ 火事のときには、非常階**段**を使う。
⑤ 男女に分かれて、二列に**並**びましょう。
⑥ 今日は、午後から雨が**降**るでしょう。
⑦ 和食の良さが、世界に**認**められる。
⑧ 朝起きて、歯をみがいて、水で顔を**洗**う。

ヒント 並 認 降 段 洗 視 砂 腹

光村6年④



## 34

帰り道② 月 日

**漢字を入れよう 2**

名前

文を読んで、ぴったりの漢字を入れよう。

① 人それぞれに、**異**なる考えがある。
② この置物は、**純**金製でとても高価だ。
③ インフルエンザの、予防注**射**を受ける。
④ キリンは、首が長くて**背**が高い。
⑤ ごみ箱の中のごみを、全部**捨**てる。
⑥ スープが熱過ぎて、**舌**をやけどした。
⑦ かたづけないので、部屋が**乱**雑になる。

ヒント 乱 背 射 純 捨 異 舌

光村6年④



## 35

公共図書館を活用しよう 月 日

**漢字を入れよう 3**

名前

文を読んで、ぴったりの漢字を入れよう。

① 今でも、戦争をしている国や地**域**がある。
② 駅の売店で、週刊**誌**を買って読んだ。
③ 大人気のアニメが、**映**画化された。
④ 虫めがねで、小さな文字を**拡**大する。
⑤ 村の歴史に関する資料が、**展**示されている。
⑥ 父が帰るまで、ケーキを冷**蔵**庫に入れておく。
⑦ 来週は、先生の家庭**訪**問がある。

ヒント 誌 訪 拡 展 域 映 蔵

光村6年④



## 36

漢字の形と音・意味① 月 日

**漢字を入れよう 4**

名前

文を読んで、ぴったりの漢字を入れよう。

① 今回は、**我**ながら、よく勉強したと思う。
② 無理を**承**知で、先生にお願いする。
③ けむりをはいて、**蒸**気機関車が走る。
④ 部屋の中の、いらない物を**処**分する。
⑤ 大学を卒業して、会社に**就**職する。
⑥ 今日は花火大会のため、**臨**時列車が出ます。
⑦ 家来が、王様の命令に**従**う。
⑧ 助けてもらって、かれは命の**恩**人です。

ヒント 処 恩 我 承 従 就 臨 蒸

光村6年④

## 37

漢字の形と音・意味②

### 漢字を入れよう 5

月　日　名前

文を読んで、ぴったりの漢字を入れよう。

①明日、この事件の**裁**判が開かれる。

②国民は、法**律**を守る義務がある。

③頭を打ったので、**脳**波を調べてもらった。

④心**臓**は、体中に血液を送るポンプです。

⑤食べ物は、「い」から**腸**へ運ばれる。

⑥大きく息をすって、**肺**活量を測る。

⑦ご飯を食べ過ぎて、**胃**が苦しい。

ヒント　腸　肺　裁　臓　胃　律　脳

光村6年④

46

## 38

笑うから楽しい／時計の時間と心の時間①

### 漢字を入れよう 6

月　日　名前

文を読んで、ぴったりの漢字を入れよう。

①家に帰って、制服から**私**服に着がえる。

②二つの国は、**密**接な関係にある。

③名前を**呼**ばれた人は、前に来てください。

④さわやかな朝、大きく息を**吸**いこんだ。

⑤いたみやすい食品は、冷蔵庫で保**存**する。

⑥大変なけがで、一**刻**を争う事態だ。

⑦台風で、雨風が急に**激**しくなる。

⑧この料理は、とても**簡**単に作れる。

ヒント　呼　密　激　刻　吸　簡　私　存

光村6年④

47

## 39

笑うから楽しい／時計の時間と心の時間②／文の組み立て①

### 漢字を入れよう 7

月　日　名前

文を読んで、ぴったりの漢字を入れよう。

①教室の**机**の上に、教科書を出す。

②この問題は、ぼくには**難**しくて答えられない。

③どうしてだろうと、**疑**問がわいてくる。

④博物館の入口で、入場**券**を見せる。

⑤自動車が故**障**して、動かなくなった。

⑥海外の特**派**員が、ニュースを伝える。

⑦犯人を、**警**察官が取り囲んだ。

⑧消防**署**に、消防車と救急車が止まっている。

ヒント　難　警　派　机　疑　署　障　券

光村6年④

48

## 40

文の組み立て②

### 漢字を入れよう 8

月　日　名前

文を読んで、ぴったりの漢字を入れよう。

①一万円札ではらって、つり**銭**を受け取る。

②母は、生命保険の会社に**勤**めている。

③一人で、ヨーロッパ**諸**国を旅する。

④祖父の墓に、お花を**供**えてお参りする。

⑤子ども会で、古新聞を回**収**している。

⑥銀行から、国に税金を**納**める。

⑦お年玉にもらった、千円札の**枚**数を数える。

⑧夕焼けで、西の空が真っ赤に**染**まる。

ヒント　勤　諸　枚　納　供　収　銭　染

光村6年④

49

## 41

41 月　日

文の組み立て③／たのしみは／天地の文／デジタル機器と私たち①

### 漢字を入れよう 9

名前

光村6年④

文を読んで、ぴったりの漢字を入れよう。

① テレビで、新商品を**宣**伝している。

② 冬は、早く日が**暮**れて、もう真っ暗だ。

③ 熱帯のジャングルの中を、**探**検する。

④ 夜空に、冬の星**座**が光っている。

⑤ かぶと虫の**幼**虫は、土の中にいる。

⑥ この本の**著**者に、サインをもらった。

⑦ 本を書いた人の、**権**利を守る。

⑧ 一人一人の意見を**尊**重して、考える。

ヒント　暮　尊　探　著　座　権　宣　幼

50

## 42

42 月　日

デジタル機器と私たち②／私と本／星空をとどけたい①

### 漢字を入れよう 10

名前

光村6年④

文を読んで、ぴったりの漢字を入れよう。

① 気象**庁**が、台風の予報を出す。

② 犯人が、ぼうしとサングラスで変**装**する。

③ 友達の家に、プレゼントを**届**ける。

④ 夕日を見ながら、海**沿**いの道を走る。

⑤ 図書室で、日本の歴史の本を二**冊**借りた。

⑥ 日本のロケットが、**宇**ちゅうへ飛び立つ。

⑦ サーカスで、三回**宙**返りをする。

⑧ 「五・七・五」の言葉で、**俳**句を考える。

ヒント　沿　冊　宙　俳　装　宇　届　庁

51

## 43

43 月　日

私と本／星空を届けたい②

### 漢字を入れよう 11

名前

光村6年④

文を読んで、ぴったりの漢字を入れよう。

① 車の運転を**誤**って、ぶつけてしまう。

② バレーボールの大会が、開**幕**する。

③ 父は、毎**晩**、帰りが八時ごろです。

④ 母に、水玉**模**様のスカーフを買った。

⑤ 風が入るように、教室の**窓**を開けた。

⑥ 台風のために、運動会が**延**期になる。

⑦ いくら話し合っても、結**論**が出ない。

ヒント　模　延　幕　誤　論　晩　窓

52

## 44

月　日

せんねん まんねん〜インターネットでニュースを読もう①

**かくれたパーツをさがせ 15**

名前

かくれたパーツをさがして、完成させよう。

① 樹《ジュ》 熱帯《ねったい》の樹林《じゅりん》。

② 覧《ラン》 資料《しりょう》の回覧《かいらん》。

③ 値《チ》 価値《かち》ある仕事《しごと》。

④ 源《ゲン》 ゲーム機《き》の電源《でんげん》。

⑤ 退《タイ》 父《ちち》が退院《たいいん》する。

⑥ 厳《きび(しい)》 厳《きび》しい自然《しぜん》。

光村6年①



## 45

月　日

インターネットでニュースを読もう②〜やまなし／イーハトーヴの夢①

**かくれたパーツをさがせ 16**

名前

かくれたパーツをさがして、完成させよう。

① 優《ユウ》 大会《たいかい》で優勝《ゆうしょう》する。

② 推《スイ》 犯人《はんにん》を推理《すいり》する。

③ 貴《キ》 貴重《きちょう》な金属《きんぞく》。

④ 策《サク》 新《あたら》しい解決策《かいけつさく》。

⑤ 縮《ちぢ(む)》 洋服《ようふく》が縮《ちぢ》む。

⑥ 棒《ボウ》 鉄棒《てつぼう》で遊《あそ》ぶ。

光村6年①



## 46

月　日

やまなし／イーハトーヴの夢②

**かくれたパーツをさがせ 17**

名前

かくれたパーツをさがして、完成させよう。

① 熟《ジュク》 木《き》の実《み》が熟《じゅく》す。

② 尺《シャク》 尺八《しゃくはち》の音色《ねいろ》。

③ 寸《スン》 寸法《すんぽう》を測《はか》る。

④ 揮《キ》 楽団《がくだん》の指揮者《しきしゃ》。

⑤ 痛《ツウ》 頭痛《ずつう》の薬《くすり》。

⑥ 批《ヒ》 批評《ひひょう》の言葉《ことば》。

光村6年①



## 47

月　日

やまなし／イーハトーヴの夢③

**かくれたパーツをさがせ 18**

名前

かくれたパーツをさがして、完成させよう。

① 傷《きず》 傷《きず》の手当《てあ》て。

② 若《わか(い)》 農家《のうか》の若者《わかもの》。

③ 閉《し(める)》 戸《と》を閉《し》める。

④ 遺《イ》 世界《せかい》遺産《いさん》。

⑤ 翌《ヨク》 翌朝《よくあさ》の朝食《ちょうしょく》。

光村6年①

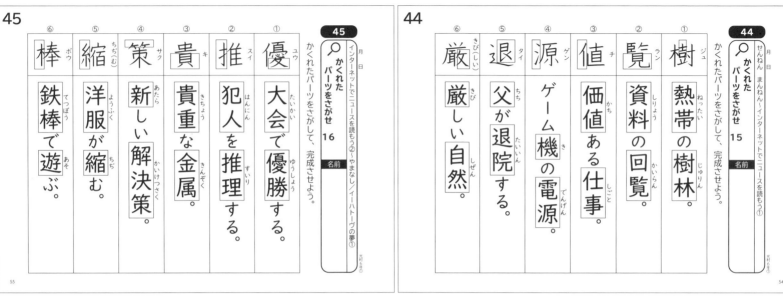

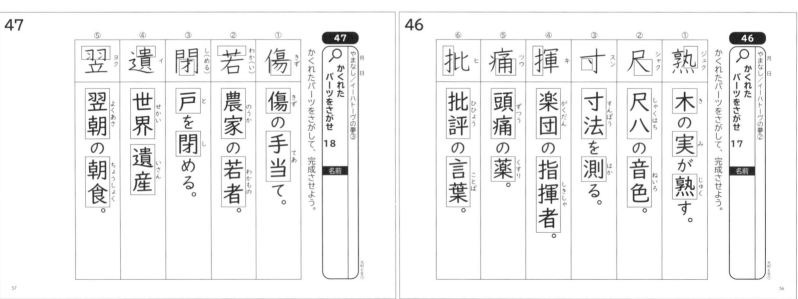

## 48

48 熟語の成り立ち① 月 日
かくれたパーツをさがせ 19
名前

かくれたパーツをさがして、完成させよう。

① 縦《たて》 箱《はこ》の縦横《たてよこ》を測《はか》る。
② 頂《チョウ》 山頂《さんちょう》を目指《めざ》す。
③ 忠《チュウ》 友《とも》からの忠告《ちゅうこく》。
④ 誠《セイ》 誠心《せいしん》誠意《せいい》
⑤ 敵《テキ》 無敵《むてき》の選手《せんしゅ》。

光村6年①

58

## 49

49 熟語の成り立ち② 月 日
かくれたパーツをさがせ 20
名前

かくれたパーツをさがして、完成させよう。

① 蚕《サン》 養蚕《ようさん》農家《のうか》
② 己《コ》 利己的《りこてき》な考《かんが》え。
③ 除《ジョ》 道路《どうろ》の除雪《じょせつ》。
④ 仁《ジン》 仁愛《じんあい》の心《こころ》。
⑤ 泉《いずみ》 森《もり》に泉《いずみ》がわく。

光村6年①

59

## 50

50 熟語の成り立ち③ 月 日
かくれたパーツをさがせ 21
名前

かくれたパーツをさがして、完成させよう。

① 裏《うら》 服《ふく》の裏表《うらおもて》。
② 系《ケイ》 銀河系《ぎんがけい》の星《ほし》。
③ 盟《メイ》 条約《じょうやく》に加盟《かめい》する。
④ 欲《ヨク》 食欲《しょくよく》の秋《あき》。
⑤ 株《かぶ》 株式《かぶしき》会社《がいしゃ》

光村6年①

60

## 51

51 みんなで楽しく過ごすために① 月 日
かくれたパーツをさがせ 22
名前

かくれたパーツをさがして、完成させよう。

① 善《ゼン》 善悪《ぜんあく》を考《かんが》える。
② 班《ハン》 各班《かくはん》の班長《はんちょう》。
③ 危《キ》 危険《きけん》な動物《どうぶつ》。
④ 割《わり》 自然《しぜん》の役割《やくわり》。
⑤ 否《ヒ》 否定《ひてい》の立場《たちば》。
⑥ 至《シ》 至急《しきゅう》の用事《ようじ》。

光村6年①

61

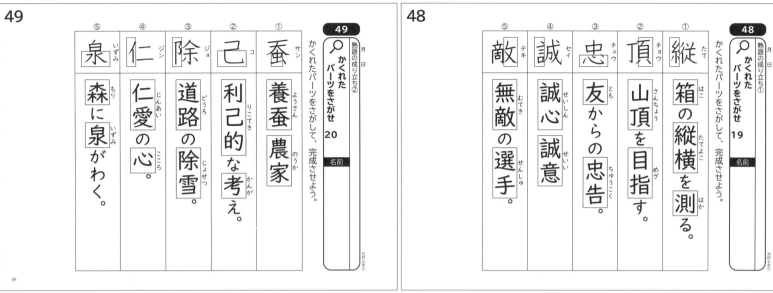

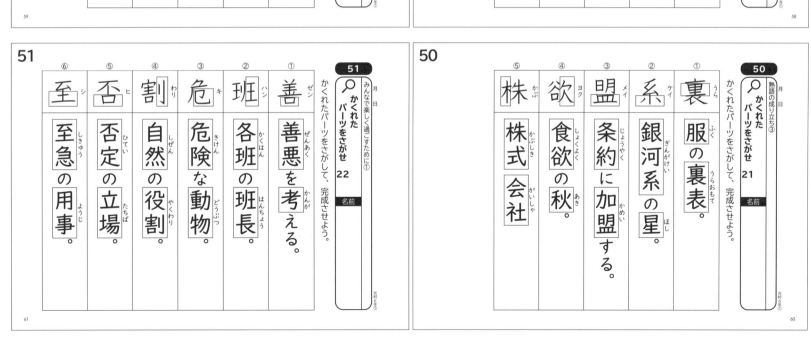

## 52

月　日
みんなで楽しく過ごすために②／話し言葉と書き言葉
かくれたパーツをさがせ 23
名前
かくれたパーツをさがして、完成させよう。

① 宅《タク》　自宅《じたく》に帰《かえ》る。
② 糖《トウ》　糖分《とうぶん》と塩分《えんぶん》。
③ 紅《コウ》　紅茶《こうちゃ》の産地《さんち》。
④ 卵《たまご》　ゆで卵《たまご》を食《た》べる。
⑤ 乳《ニュウ》　乳児《にゅうじ》の体重《たいじゅう》。
⑥ 創《つく(る)》　文化《ぶんか》を創《つく》る。

光村6年①



## 53

月　日
古典芸能の世界～『鳥獣戯画』を読む／発見、日本文化のみりょく①
かくれたパーツをさがせ 24
名前
かくれたパーツをさがして、完成させよう。

① 奏《ソウ》　合奏《がっそう》と合唱《がっしょう》。
② 誕《タン》　妹《いもうと》の誕生日《たんじょうび》。
③ 困《こま(る)》　困《こま》り果《は》てる。
④ 看《カン》　祖父《そふ》を看病《かんびょう》する。
⑤ 筋《すじ》　筋道《すじみち》の立《た》った話《はなし》。
⑥ 盛《も(る)》　大盛《おおも》りの料理《りょうり》。

光村6年①



## 54

月　日
『鳥獣戯画』を読む／発見、日本文化のみりょく②
かくれたパーツをさがせ 25
名前
かくれたパーツをさがして、完成させよう。

① 骨《ほね》　動物《どうぶつ》の骨《ほね》。
② 巻《カン》　巻末《かんまつ》の付録《ふろく》。
③ 宝《ホウ》　美《うつく》しい宝石《ほうせき》。
④ 郷《キョウ》　両親《りょうしん》の故郷《こきょう》。
⑤ 敬《うやま(う)》　先生《せんせい》を敬《うやま》う。

光村6年①



## 55

月　日
カンジー博士の漢字学習の秘伝①
かくれたパーツをさがせ 26
名前
かくれたパーツをさがして、完成させよう。

① 秘《ヒ》　神秘的《しんぴてき》な話《はなし》。
② 聖《セイ》　聖火《せいか》が燃《も》える。
③ 絹《きぬ》　絹織物《きぬおりもの》
④ 拝《おが(む)》　朝日《あさひ》を拝《おが》む。
⑤ 鋼《コウ》　鋼鉄《こうてつ》の機械《きかい》。
⑥ 亡《ボウ》　興亡《こうぼう》の歴史《れきし》。

光村6年①

## 56

**56** かくれたパーツをさがせ 27 名前

カンジー博士の漢字学習の秘伝② 月 日

かくれたパーツをさがして、完成させよう。

① 干《ほ(す)》 梅干《うめぼ》しを食《た》べる。

② 衆《シュウ》 公衆《こうしゅう》電話《でんわ》

③ 郵《ユウ》 郵便《ゆうびん》番号《ばんごう》

④ 賃《チン》 電車《でんしゃ》の運賃《うんちん》。

⑤ 孝《コウ》 親孝行《おやこうこう》な若者《わかもの》。

⑥ 預《あず(ける)》 荷物《にもつ》を預《あず》ける。

光村6年①

66

## 57

**57** かくれたパーツをさがせ 28 名前

カンジー博士の漢字学習の秘伝③～おすすめパンフレットを作ろう 月 日

かくれたパーツをさがして、完成させよう。

① 穀《コク》 倉庫《そうこ》にある穀物《こくもつ》。

② 俵《たわら》 米俵《こめだわら》を運《はこ》ぶ。

③ 訳《ヤク》 英語《えいご》の通訳《つうやく》。

④ 忘《わす(れる)》 宿題《しゅくだい》を忘《わす》れる。

⑤ 暖《あたた(かい)》 暖《あたた》かい季節《きせつ》。

⑥ 詞《シ》 作詞《さくし》と作曲《さっきょく》。

光村6年①

67

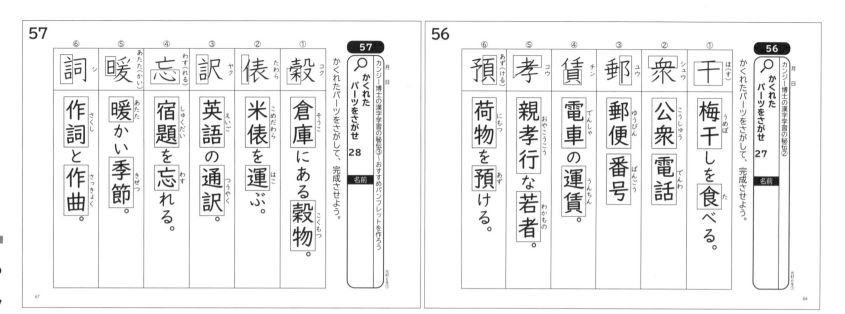

## 58

58 漢字足し算 12

せんねん まんねん～インターネットでニュースを読もう①

月 日

名前

漢字の足し算をしよう。

① 木＋吉＋ㅛ＋寸＝樹 → 樹木
② 臣＋𠂉＋見＝覧 → 観覧車
③ 亻＋直＋乚＝値 → 価値
④ 氵＋厂＋白＋小＝源 → 資源
⑤ 艮＋く＋辶＝退 → 退場
⑥ ⺍＋厂＋耳＋攵＝厳 → 厳禁
⑦ 亻＋亘＋心＋夂＝優 → 優先
⑧ 扌＋隹＝推 → 推理

＊答えの漢字でことばを作ろう。

光村6年②

68

## 59

59 漢字足し算 13

インターネットでニュースを読もう②～やまなし／イーハトーヴの夢①

月 日

名前

漢字の足し算をしよう。

① 中＋一＋貝＝貴 → 貴族
② ⺮＋冂＋木＝策 → 対策
③ 糸＋宀＋亻＋百＝縮 → 短縮
④ 木＋夫＋キ＝棒 → 金棒
⑤ 古＋子＋丸＋灬＝熟 → 熟語
⑥ 尸＋㇏＝尺 → 尺度
⑦ 一＋亅＋丶＝寸 → 寸法
⑧ 扌＋冖＋車＝揮 → 発揮

＊答えの漢字でことばを作ろう。

光村6年②

69

## 60

60 漢字足し算 14

やまなし／イーハトーヴの夢②

月 日

名前

漢字の足し算をしよう。

① 疒＋マ＋用＝痛 → 苦痛
② 扌＋ヒ＋匕＝批 → 批判
③ 亻＋𠂉＋日＋勿＝傷 → 負傷
④ 艹＋ナ＋口＝若 → 若葉
⑤ 門＋才＝閉 → 閉店
⑥ 中＋貝＋辶＝遺 → 遺書
⑦ 羽＋立＝翌 → 翌日

＊答えの漢字でことばを作ろう。

光村6年②

70

## 61

61 漢字足し算 15

熟語の成り立ち①

月 日

名前

漢字の足し算をしよう。

① 糸＋彳＋ㅛ＋龰＝縦 → 縦断
② 丁＋丆＋貝＝頂 → 頂点
③ 中＋心＝忠 → 忠実
④ 言＋厂＋戈＝誠 → 誠実
⑤ 产＋古＋攵＝敵 → 天敵
⑥ 天＋中＋一＝蚕 → 養蚕
⑦ コ＋乚＝己 → 自己
⑧ 阝＋人＋ホ＝除 → 除外

＊答えの漢字でことばを作ろう。

光村6年②

71

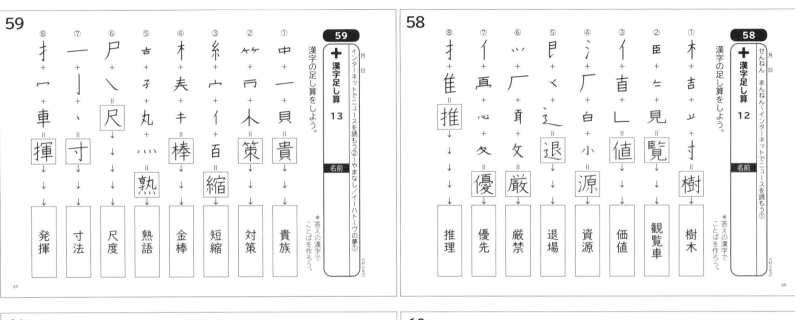

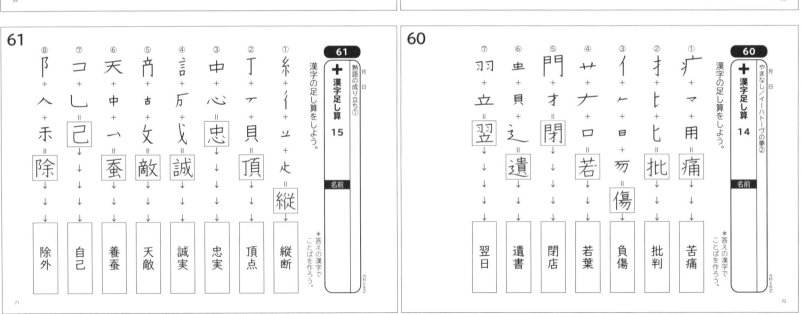

# 2学期の答え 62～65

## 62

62 月 日

熟語の成り立ち②／みんなで楽しく過ごすために①

漢字足し算 16

名前

漢字の足し算をしよう。

＊答えの漢字でことばを作ろう。

① 亻＋二＝仁 → 仁愛
② 白＋亅＋水＝泉 → 温泉
③ 亠＋里＋衣＝裏 → 裏側
④ 丿＋幺＋小＝系 → 系図
⑤ 日＋月＋皿＝盟 → 同盟
⑥ 谷＋口＋欠＝欲 → 意欲
⑦ 木＋𠂉＋木＝株 → 株主
⑧ 羊＋䒑＋口＝善 → 改善

光村6年②



## 63

63 月 日

みんなで楽しく過ごすために②

漢字足し算 17

名前

漢字の足し算をしよう。

＊答えの漢字でことばを作ろう。

① 王＋刂＋王＝班 → 班長
② ⺈＋厂＋㔾＝危 → 危ない
③ 宀＋丰＋口＋刂＝割 → 時間割
④ 不＋口＝否 → 否決
⑤ 一＋厶＋土＝至 → 冬至
⑥ 宀＋二＋乚＝宅 → 住宅
⑦ 米＋广＋丰＋口＝糖 → 砂糖
⑧ 糸＋工＝紅 → 紅葉



## 64

64 月 日

話し言葉と書き言葉①～『鳥獣戯画』を読む／発見、日本文化のみりょく①

漢字足し算 18

名前

漢字の足し算をしよう。

＊答えの漢字でことばを作ろう。

① 𠂎＋卩＝卵 → 生卵
② 爫＋子＋乚＝乳 → 牛乳
③ 人＋戸＋口＋刂＝創 → 創造
④ 三＋人＋天＝奏 → 演奏
⑤ 言＋ノ＋止＋廴＝誕 → 誕生
⑥ 冂＋木＋一＝困 → 困難
⑦ 三＋ノ＋目＝看 → 看板
⑧ ⺮＋月＋力＝筋 → 筋肉

光村6年②



## 65

65 月 日

『鳥獣戯画』を読む／発見…②／カンジー博士の漢字学習の秘伝①

漢字足し算 19

名前

漢字の足し算をしよう。

＊答えの漢字でことばを作ろう。

① 厂＋戈＋皿＝盛 → 山盛り
② 冎＋冖＋月＝骨 → 骨折
③ 䒑＋人＋己＝巻 → 巻末
④ 宀＋王＋丶＝宝 → 財宝
⑤ 乡＋艮＋阝＝郷 → 故郷
⑥ 艹＋句＋攵＝敬 → 敬遠
⑦ 禾＋ソ＋心＝秘 → 秘密
⑧ 耳＋口＋王＝聖 → 聖書

光村6年②

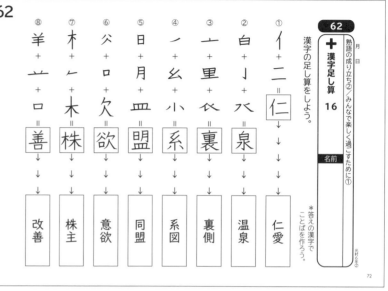

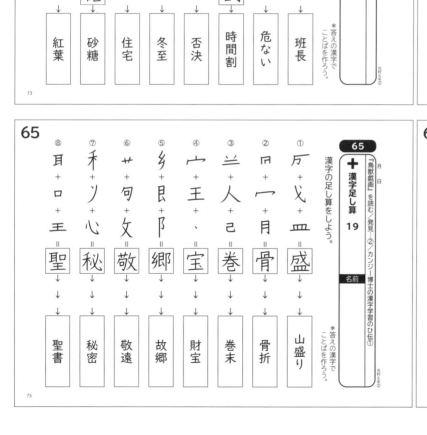

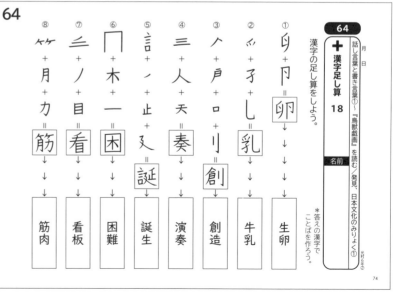

## 66

月　日

カンジー博士の漢字学習の秘伝②

**漢字足し算 20**

名前

漢字の足し算をしよう。

＊答えの漢字でことばを作ろう。

① 糸＋口＋月＝絹 → 絹糸

② 扌＋三＋｜＝拝 → 参拝

③ 金＋冂＋䒑＝鋼 → 鉄鋼業

④ 亠＋乚＝亡 → 死亡

⑤ 一＋十＝干 → 干満

⑥ 血＋亻＋ノ＋乀＝衆 → 観衆

⑦ 垂＋丨＋阝＝郵 → 郵送

⑧ 亻＋壬＋貝＝賃 → 家賃

光村6年②

76

## 67

月　日

カンジー博士の漢字学習の秘伝③～おすすめパンフレットを作ろう

**漢字足し算 21**

名前

漢字の足し算をしよう。

＊答えの漢字でことばを作ろう。

① 土＋ノ＋子＝孝 → 孝行

② マ＋了＋ア＋貝＝預 → 預金

③ 士＋冖＋禾＋殳＝穀 → 穀物

④ 亻＋主＋仈＝俵 → 米俵

⑤ 言＋尸＋乀＝訳 → 通訳

⑥ 亡＋心＝忘 → 忘れ物

⑦ 日＋爫＋一＋友＝暖 → 寒暖

⑧ 言＋𠃌＋一＋口＝詞 → 歌詞

光村6年②

77

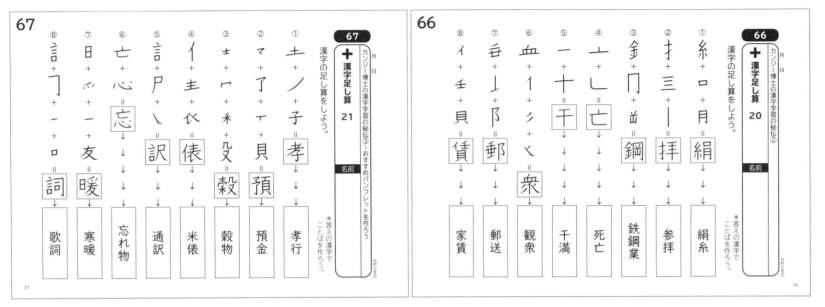

## 68

足りないのはどこ（形をよく見て）8

せんねん まんねん～やまなし／イーハトーヴの夢①

月 日 名前

足りないところを見つけて、正しく書こう。

① 樹《じゅ》才《もく》 → 樹木
② 観《かん》覧《らん》車《しゃ》 → 観覧車
③ 価《か》値《ち》 → 価値
④ 資《し》源《げん》 → 資源
⑤ 退《たい》場《じょう》 → 退場
⑥ 厳《げん》禁《きん》 → 厳禁
⑦ 優《ゆう》先《せん》 → 優先
⑧ 推《すい》理《り》 → 推理
⑨ 貴《き》族《ぞく》 → 貴族
⑩ 対《たい》策《さく》 → 対策
⑪ 短《たん》縮《しゅく》 → 短縮
⑫ 全《かな》棒《ぼう》 → 金棒

光村6年③



## 69

足りないのはどこ（形をよく見て）9

やまなし／イーハトーヴの夢②

月 日 名前

足りないところを見つけて、正しく書こう。

① 熟《じゅく》語《ご》 → 熟語
② 尸《しゃく》度《ど》 → 尺度
③ 寸《すん》法《ぽう》 → 寸法
④ 発《はっ》揮《き》 → 発揮
⑤ 苦《く》痛《つう》 → 苦痛
⑥ 批《ひ》判《はん》 → 批判
⑦ 負《ふ》傷《しょう》 → 負傷
⑧ 若《わか》葉《ば》 → 若葉
⑨ 門《へい》店《てん》 → 閉店
⑩ 遺《い》書《しょ》 → 遺書
⑪ 翌《よく》口《じつ》 → 翌日



## 70

足りないのはどこ（形をよく見て）10

熟語の成り立ち①

月 日 名前

足りないところを見つけて、正しく書こう。

① 縦《じゅう》断《だん》 → 縦断
② 頂《ちょう》点《てん》 → 頂点
③ 忠《ちゅう》実《じつ》 → 忠実
④ 誠《せい》実《じつ》 → 誠実
⑤ 大《てん》敵《てき》 → 天敵
⑥ 養《よう》蚕《さん》 → 養蚕
⑦ 目《じ》己《こ》 → 自己
⑧ 除《じょ》外《がい》 → 除外
⑨ 二《じん》愛《あい》 → 仁愛
⑩ 温《おん》泉《せん》 → 温泉
⑪ 裏《うら》側《がわ》 → 裏側
⑫ 糸《けい》図《ず》 → 系図

光村6年③



## 71

足りないのはどこ（形をよく見て）11

熟語の成り立ち②／みんなで楽しく過ごすために

月 日 名前

足りないところを見つけて、正しく書こう。

① 同《どう》盟《めい》 → 同盟
② 意《い》欲《よく》 → 意欲
③ 株《かぶ》三《ぬし》 → 株主
④ 改《かい》善《ぜん》 → 改善
⑤ 班《はん》長《ちょう》 → 班長
⑥ 厄《あぶ》ない → 危ない
⑦ 時《じ》間《かん》割《わり》 → 時間割
⑧ 否《ひ》決《けつ》 → 否決
⑨ 冬《とう》至《じ》 → 冬至
⑩ 任《じゅう》宅《たく》 → 住宅
⑪ 砂《さ》糖《とう》 → 砂糖
⑫ 杠《こう》葉《よう》 → 紅葉

光村6年③

## 72

72　月　日

話し言葉と書き言葉～『鳥獣戯画』を読む／発見、日本文化のみりょく①

**足りないのはどこ（形をよく見て）** 12

名前

光村6年③

足りないところを見つけて、正しく書こう。

① 生《なま》卵《たまご》 → 生卵
② 牛《ぎゅう》乳《にゅう》 → 牛乳
③ 創《そう》造《ぞう》 → 創造
④ 演《えん》奏《そう》 → 演奏
⑤ 誕《たん》生《じょう》 → 誕生
⑥ 困《こん》難《なん》 → 困難
⑦ 看《かん》板《ばん》 → 看板
⑧ 筋《きん》肉《にく》 → 筋肉
⑨ 山盛《やまも》り → 山盛り
⑩ 骨《こっ》折《せつ》 → 骨折
⑪ 巻《かん》末《まつ》 → 巻末
⑫ 財《ざい》宝《ほう》 → 財宝



## 73

73　月　日

『鳥獣戯画』を読む／発見…②／カンジー博士の漢字学習のひ伝①

**足りないのはどこ（形をよく見て）** 13

名前

光村6年③

足りないところを見つけて、正しく書こう。

① 故《こ》郷《きょう》 → 故郷
② 敬《けい》遠《えん》 → 敬遠
③ 秘《ひ》密《みつ》 → 秘密
④ 聖《せい》書《しょ》 → 聖書
⑤ 絹《きぬ》糸《いと》 → 絹糸
⑥ 参《さん》拝《ぱい》 → 参拝
⑦ 鉄《てっ》鋼《こう》業《ぎょう》 → 鉄鋼業
⑧ 死《し》亡《ぼう》 → 死亡
⑨ 干《かん》満《まん》 → 干満
⑩ 観《かん》衆《しゅう》 → 観衆



## 74

74　月　日

カンジー博士の漢字学習の秘伝②～おすすめパンフレットを作ろう

**足りないのはどこ（形をよく見て）** 14

名前

光村6年③

足りないところを見つけて、正しく書こう。

① 郵《ゆう》送《そう》 → 郵送
② 家《や》賃《ちん》 → 家賃
③ 孝《こう》行《こう》 → 孝行
④ 預《よ》金《きん》 → 預金
⑤ 穀《こく》物《もつ》 → 穀物
⑥ 米《こめ》俵《だわら》 → 米俵
⑦ 通《つう》訳《やく》 → 通訳
⑧ 忘《わす》れ物《もの》 → 忘れ物
⑨ 寒《かん》暖《だん》 → 寒暖
⑩ 歌《か》詞《し》 → 歌詞

## 75

月　日

せんねん　まんねん～インターネットでニュースを読もう①

**漢字を入れよう 12**

名前

文を読んで、ぴったりの漢字を入れよう。

①大通りの街路**樹**が、いっせいに色づいた。

②遊園地で、日本一大きな観**覧**車に乗った。

③洋服の**値**札を見て、ねだんにおどろいた。

④リモコンで、テレビの電**源**を入れる。

⑤入院していた父が、今日**退**院する。

⑥この建物の中は、土足**厳**禁です。

⑦運動会で、赤組が**優**勝した。

⑧名たんていが、事件の犯人を**推**理する。

ヒント　優　樹　源　値　推　覧　退　厳

光村6年④

85

## 76

月　日

インターネットでニュースを読もう②～やまなし／イーハトーヴの夢①

**漢字を入れよう 13**

名前

文を読んで、ぴったりの漢字を入れよう。

①お金や時計などの、**貴**重品をあずける。

②学級全員で、このことの解決**策**を考える。

③服を洗ったら、**縮**んで小さくなった。

④鉄**棒**で、連続逆上がりを練習する。

⑤完**熟**のトマトを使って、イタリア料理を作る。

⑥まき**尺**を使って、ろう下の長さを測る。

⑦一**寸**の虫にも、五分のたましい。

⑧音楽会で、先生が合唱の指**揮**をする。

ヒント　縮　揮　熟　尺　寸　策　貴　棒

光村6年④

86

## 77

月　日

やまなし／イーハトーヴの夢②

**漢字を入れよう 14**

名前

文を読んで、ぴったりの漢字を入れよう。

①虫歯が**痛**いので、歯医者に行った。

②自分の事はさておいて、友人を**批**判する。

③消毒薬で、**傷**の手当てをする。

④このコンサートの来場者は、**若**者が多い。

⑤目の前で、エレベーターのドアが**閉**まった。

⑥この建物は、世界**遺**産に登録されている。

⑦早くねた日の**翌**朝は、早く目が覚める。

ヒント　若　閉　傷　遺　翌　痛　批

光村6年④

87

## 78

月　日

熟語の成り立ち①

**漢字を入れよう 15**

名前

文を読んで、ぴったりの漢字を入れよう。

①横書きではなくて、**縦**書きで書いてください。

②二時間かかって、山の**頂**上にたどり着く。

③先生の教えを、**忠**実に守っている。

④あの人は、うそをつかない**誠**実な人がらだ。

⑤今度の相手は強**敵**で、負けるかもしれない。

⑥きぬ糸は、**蚕**のまゆから糸をとる。

⑦新しいクラスで、自**己**しょうかいをする。

⑧大雪で、**除**雪の作業に追われる。

ヒント　敵　頂　誠　除　忠　縦　己　蚕

光村6年④

88

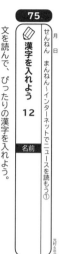

## 79

79 月 日

熟語の成り立ち②／みんなで楽しく過ごすために①

### 漢字を入れよう 16

名前

文を読んで、ぴったりの漢字を入れよう。

①「医は仁術なり。」という格言がある。
②有名な温泉に入って、のんびり過ごす。
③このトランプを、二枚裏返してください。
④地球は、太陽系の三番目のわく星です。
⑤世界中の多くの国が、国連に加盟している。
⑥おいしそうなにおいに、食欲がそそられる。
⑦森の中で、木の切り株に座る。
⑧物事の善悪を考えて、行動する。

ヒント　裏　系　盟　善　仁　泉　欲　株

光村6年④



## 80

80 月 日

みんなで楽しく過ごすために②

### 漢字を入れよう 17

名前

文を読んで、ぴったりの漢字を入れよう。

①グループごとに、班長を決める。
②池や川など、危険な場所には近寄らない。
③ガラスのコップを、落として割ってしまった。
④あの人は、相手の話を全て否定する。
⑤急ぐので、至急、先生に知らせてください。
⑥祖父の家に、荷物を宅配便で送る。
⑦あまいものを食べずに、糖分をひかえる。
⑧母が、鏡を見ながら口紅をぬる。

ヒント　割　危　宅　班　糖　否　至　紅

光村6年④



## 81

81 月 日

話し言葉と書き言葉〜『鳥獣戯画』を読む／発見、日本文化のみりょく①

### 漢字を入れよう 18

名前

文を読んで、ぴったりの漢字を入れよう。

①オムレツを作るのに、卵を二個使う。
②給食の時、毎日牛乳を飲んでいる。
③明日は、学校の創立記念日で休みだ。
④音楽会で、いろんな楽器を使って合奏する。
⑤母の誕生日のお祝いに、ケーキを買う。
⑥うまくいかなくて、ほとほと困り果てる。
⑦母が、病気の弟の看病をする。
⑧ジムのトレーニングで、筋肉をきたえる。

ヒント　乳　誕　創　卵　困　筋　看　奏

光村6年④



## 82

82 月 日

『鳥獣戯画』を読む／発見…②／カンジー博士の漢字学習の秘伝①

### 漢字を入れよう 19

名前

文を読んで、ぴったりの漢字を入れよう。

①大きなお皿に、料理を盛りつける。
②自転車で転んで、足の骨を折る。
③節分の日に、巻きずしを食べる。
④この仏像は、国宝に指定されている。
⑤久しぶりに、父の故郷をおとずれる。
⑥目上の人には、敬語を使って話す。
⑦森の中で、神秘的な光景を目にする。
⑧オリンピックの、聖火ランナーを務める。

ヒント　敬　郷　骨　宝　秘　聖　巻　盛

光村6年④

## 83

**83** 漢字を入れよう 20

カンジー博士の漢字学習の秘伝②

月　日

名前

文を読んで、ぴったりの漢字を入れよう。

①シルクロードを通って、**絹**織物が運ばれた。

②お正月に、家族で神社を参**拝**する。

③この岩は、**鋼**鉄のようにかたい。

④昨日の火事で、老人二人が死**亡**した。

⑤天気が良いので、洗たく物を外に**干**す。

⑥国会には、**衆**議院と参議院がある。

⑦はがきに、**郵**便番号と住所を書く。

⑧バスの運**賃**箱に、お金を入れる。

ヒント　鋼　干　絹　亡　郵　衆　賃　拝

光村6年④

93

## 84

**84** 漢字を入れよう 21

カンジー博士の漢字学習の秘伝③～おすすめパンフレットを作ろう

月　日

名前

文を読んで、ぴったりの漢字を入れよう。

①いつもいそがしい両親に、親**孝**行をする。

②母が、銀行にお金を**預**けに行く。

③米や麦などの、**穀**物をたくさん食べる。

④力士は、土**俵**の上ですもうをとる。

⑤そんな勝手な言い**訳**は、聞きたくない。

⑥宿題を**忘**れていたので、大急ぎでやった。

⑦今日は、春の日差しで、とても**暖**かい。

⑧あの歌手は、自分で作**詞**作曲をする。

ヒント　俵　預　孝　穀　忘　訳　暖　詞

光村6年④

94

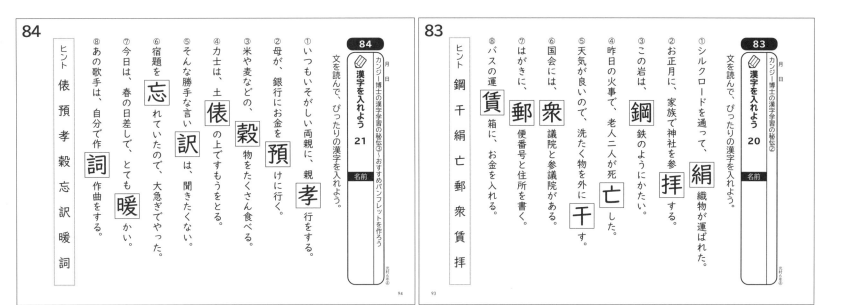

## 85

85　詩をろうどくしてしょうかいしよう～「考える」とは　月　日

かくれたパーツをさがせ 29　名前

かくれたパーツをさがして、完成させよう。

① 朗 ロウ　物語《ものがたり》の朗読《ろうどく》。

② 胸 むね　胸《むね》が熱《あつ》くなる。

③ 片 かた　片側《かたがわ》を通行《つうこう》する。

④ 劇 ゲキ　歴史《れきし》のある劇場《げきじょう》。

⑤ 将 ショウ　将来《しょうらい》の夢《ゆめ》。

光村6年①



## 86

86　使える言葉にするために①　月　日

かくれたパーツをさがせ 30　名前

かくれたパーツをさがして、完成させよう。

① 皇 コウ　皇居《こうきょ》の周《まわ》り。

② 后 ゴウ　皇后《こうごう》のお写真《しゃしん》。

③ 陛 ヘイ　陛下《へいか》のお言葉《ことば》。

④ 憲 ケン　外国《がいこく》の憲法《けんぽう》。

⑤ 党 トウ　政党《せいとう》政治《せいじ》

⑥ 閣 カク　内閣《ないかく》の仕事《しごと》。

光村6年①



## 87

87　使える言葉にするために②　月　日

かくれたパーツをさがせ 31　名前

かくれたパーツをさがして、完成させよう。

① 革 カク　政治《せいじ》の改革《かいかく》。

② 宗 シュウ　世界《せかい》の宗教《しゅうきょう》。

③ 垂 た(れる)　雨水《あまみず》が垂《た》れる。

④ 層 ソウ　地層《ちそう》を調《しら》べる。

⑤ 磁 ジ　磁石《じしゃく》の南北《なんぼく》。

光村6年①



## 88

88　大切にしたい言葉／今、私は、ぼくは　月　日

かくれたパーツをさがせ 32　名前

かくれたパーツをさがして、完成させよう。

① 操 ソウ　体操《たいそう》の競技《きょうぎ》。

② 補 ホ　補強《ほきょう》の工事《こうじ》。

③ 担 タン　担当《たんとう》する部分《ぶぶん》。

④ 姿 シ　姿勢《しせい》が悪《わる》い。

⑤ 討 トウ　問題点《もんだいてん》の検討《けんとう》。

⑥ 専 セン　お年寄《としよ》り専用《せんよう》。

光村6年①

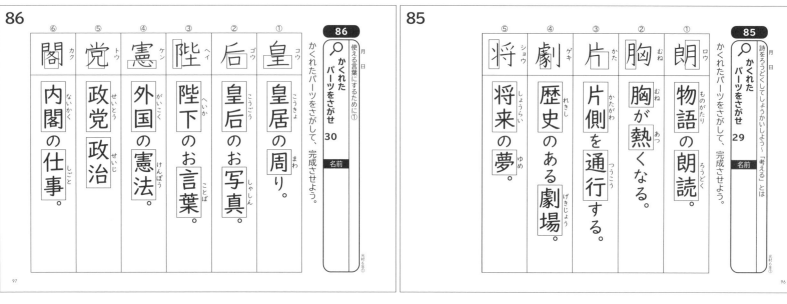

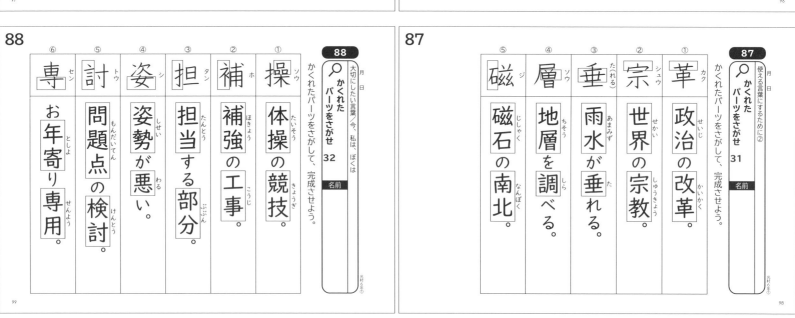

3学期の答え

89

89

89

月　日

海の命

かくれたパーツをさがせ 33

名前

かくれたパーツをさがして、完成させよう。

① 潮《しお》
潮《しお》の満《み》ち引《ひ》き。

② 針《シン》
時計《とけい》の秒針《びょうしん》。

③ 穴《あな》
穴場《あなば》の店《みせ》。

④ 灰《はい》
灰色《はいいろ》の洋服《ようふく》。

⑤ 奮《ふる(う)》
勇気《ゆうき》を奮《ふる》う。

⑥ 済《サイ》
政治《せいじ》と経済《けいざい》。

光村6年①

100

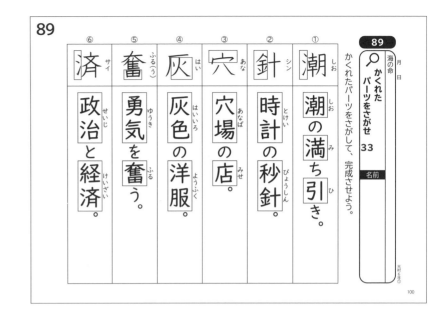

## 3学期の答え 90〜93

## 90

90 詩をろう読してしょうかいしよう〜使える言葉にするために①
月　日
**漢字足し算 22**
名前

漢字の足し算をしよう。

① 良＋月＝朗 → 朗読
② 月＋勹＋メ＋凵＝胸 → 度胸
③ ノ＋丄＋㇆＝片 → 片道
④ 虍＋七＋豕＋刂＝劇 → 演劇
⑤ 丬＋爫＋寸＝将 → 将軍
⑥ 白＋王＝皇 → 天皇
⑦ 厂＋一＋口＝后 → 皇后
⑧ 阝＋比＋土＝陛 → 陛下

＊答えの漢字でことばを作ろう。

光村6年②

101

## 91

91 使える言葉にするために②
月　日
**漢字足し算 23**
名前

漢字の足し算をしよう。

① 宀＋丰＋罒＋心＝憲 → 憲法
② ⺌＋口＋儿＝党 → 党首
③ 門＋夂＋口＝閣 → 天守閣
④ 廿＋口＋十＝革 → 革命
⑤ 宀＋二＋小＝宗 → 宗教
⑥ ノ＋卌＋上＝垂 → 垂直
⑦ 尸＋丷＋田＋日＝層 → 断層
⑧ 石＋䒑＋幺＋幺＝磁 → 磁力

＊答えの漢字でことばを作ろう。

光村6年②

102

## 92

92 大切にしたい言葉／今、私は、ぼくは
月　日
**漢字足し算 24**
名前

漢字の足し算をしよう。

① 扌＋品＋木＝操 → 操作
② 衤＋月＋卜＝補 → 補給
③ 扌＋日＋一＝担 → 担任
④ 冫＋欠＋女＝姿 → 晴れ姿
⑤ 言＋寸＝討 → 討議
⑥ 一＋由＋寸＝専 → 専門

＊答えの漢字でことばを作ろう。

光村6年②

103

## 93

93 海の命
月　日
**漢字足し算 25**
名前

漢字の足し算をしよう。

① 氵＋𠦝＋月＝潮 → 風潮
② 𠆢＋王＋十＝針 → 方針
③ 宀＋八＝穴 → 穴場
④ 厂＋⺍＋人＝灰 → 灰色
⑤ 大＋隹＋田＝奮 → 興奮
⑥ 氵＋文＋月＝済 → 返済

＊答えの漢字でことばを作ろう。

光村6年②

104

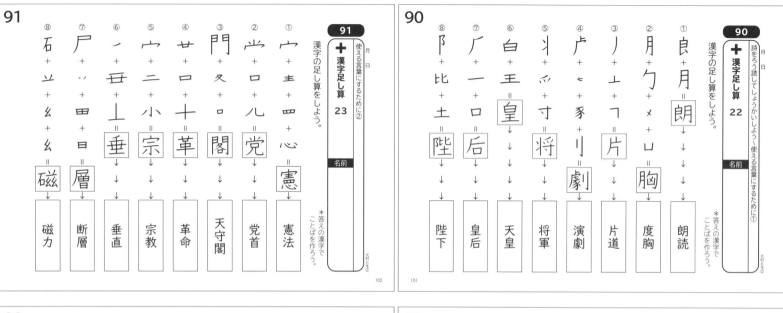

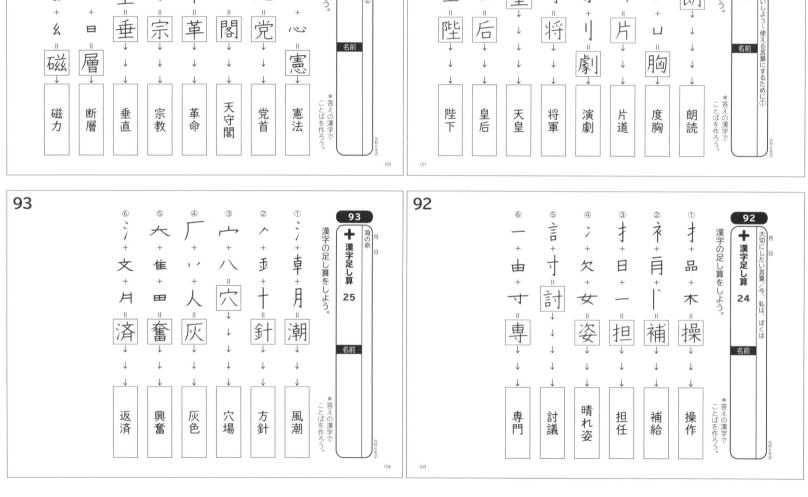

3学期の答え

94〜96

## 94

94 詩をろうどくしてしょうかいしよう〜使える言葉にするために①

足りないのはどこ（形をよく見て）15

月　日　名前

光村6年③

足りないところを見つけて、正しく書こう。

① 朗読《ろうどく》 → 朗読

② 度胸《どきょう》 → 度胸

③ 片道《かたみち》 → 片道

④ 演劇《えんげき》 → 演劇

⑤ 将軍《しょうぐん》 → 将軍

⑥ 大呈《てんのう》 → 天皇

⑦ 呈后《こうごう》 → 皇后

⑧ 陛丁《へいか》 → 陛下

⑨ 憲法《けんぽう》 → 憲法

⑩ 党首《とうしゅ》 → 党首

105

## 95

95 使える言葉にするために②／大切にしたい言葉

足りないのはどこ（形をよく見て）16

月　日　名前

光村6年③

足りないところを見つけて、正しく書こう。

① 大守閔《てんしゅかく》 → 天守閣

② 革合《かくめい》 → 革命

③ 宗教《しゅうきょう》 → 宗教

④ 垂直《すいちょく》 → 垂直

⑤ 断僧《だんそう》 → 断層

⑥ 磁刀《じりょく》 → 磁力

⑦ 操竹《そうさ》 → 操作

⑧ 補給《ほきゅう》 → 補給

⑨ 担仜《たんにん》 → 担任

⑩ 晴《は》れ姿《すがた》 → 晴れ姿

106

## 96

96 今、私は、ぼくは／海の命

足りないのはどこ（形をよく見て）17

月　日　名前

光村6年③

足りないところを見つけて、正しく書こう。

① 討議《とうぎ》 → 討議

② 専門《せんもん》 → 専門

③ 風潮《ふうちょう》 → 風潮

④ 万針《ほうしん》 → 方針

⑤ 穴場《あなば》 → 穴場

⑥ 仄色《はいいろ》 → 灰色

⑦ 興奮《こうふん》 → 興奮

⑧ 辺済《へんさい》 → 返済

107

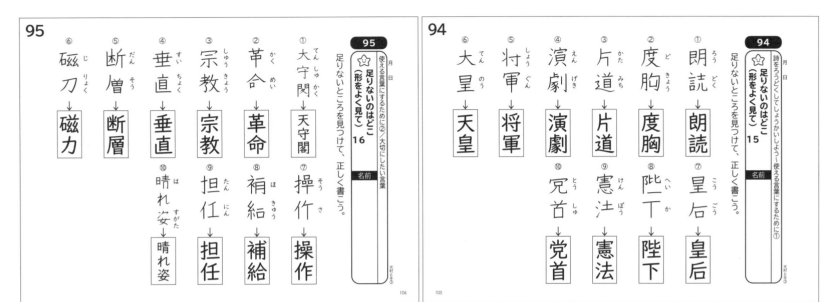

## 97

97 月 日

詩をろう読してしょうかいしよう〜使える言葉にするために①

**漢字を入れよう** 22

名前

文を読んで、ぴったりの漢字を入れよう。

①みんなの前で、作った詩を朗読する。

②良い結果が出そうで、期待に胸をふくらます。

③うっかりして、手ぶくろの片方をなくす。

④この劇場では、ミュージカルをやっている。

⑤歴史が好きで、戦国武将の名前を覚える。

⑥天皇のお住まいを、皇居と言う。

⑦天のうと、こう后のお写真。

⑧天のう陛下の、お言葉をいただく。

ヒント 劇 后 片 皇 将 朗 胸 陛

光村6年④



## 98

98 月 日

使える言葉にするために②

**漢字を入れよう** 23

名前

文を読んで、ぴったりの漢字を入れよう。

①五月三日は、憲法記念日です。

②選挙で、投票する政党を選ぶ。

③新しい内閣総理大臣が、演説をする。

④新しい政府が、教育制度を改革する。

⑤キリスト教などの、宗教について学ぶ。

⑥おいしそうなにおいに、よだれを垂らす。

⑦東京には、高層ビルがたくさん建っている。

⑧方位磁石で、南の方角をさがす。

ヒント 層 閣 磁 党 垂 革 憲 宗

光村6年④



## 99

99 月 日

大切にしたい言葉／今、私は、ぼくは

**漢字を入れよう** 24

名前

文を読んで、ぴったりの漢字を入れよう。

①体育の初めに、準備体操をする。

②お茶を飲んで、水分を補給する。

③朝の会で、担任の先生が話をする。

④背筋をのばして、姿勢良く座る。

⑤テレビで、政治についての討論会があった。

⑥この道は、九時までバス専用レーンです。

ヒント 補 担 操 討 専 姿

光村6年④



## 100

100 月 日

海の命

**漢字を入れよう** 25

名前

文を読んで、ぴったりの漢字を入れよう。

①海岸で、潮風にふかれて気持ちがよい。

②時計の針が、ちょうど十二時を指す。

③いたずらで、砂場に落とし穴をほる。

④火山がふん火して、街に火山灰が積もる。

⑤オリンピックで、日本の金メダルに興奮する。

⑥時間が無く、大急ぎで朝食を済ませる。

ヒント 灰 済 奮 穴 潮 針

光村6年④

**【監修者】**
竹田　契一（たけだ　けいいち）
大阪医科薬科大学 LD センター顧問，大阪教育大学名誉教授

**【著者】**
村井　敏宏（むらい　としひろ）
青丹学園発達・教育支援センター フラーテル L.C.,
S.E.N.S（特別支援教育士）スーパーバイザー，言語聴覚士，
日本 LD 学会会員，日本 INREAL 研究会事務局

中尾　和人（なかお　かずひと）
小学校教諭，S.E.N.S（特別支援教育士），公認心理師，
精神保健福祉士，日本 LD 学会会員

【イラスト】 木村美穂
【表紙デザイン】 ㈲ケイデザイン

通常の学級でやさしい学び支援
改訂　読み書きが苦手な子どもへの
＜漢字＞支援ワーク　光村図書６年

2024年８月初版第１刷刊　監修者　竹　田　契　一
©著　者　村　井　敏　宏
中　尾　和　人
発行者　藤　原　光　政
発行所　明治図書出版株式会社
http://www.meijitosho.co.jp
（企画・校正）西野千春
〒114-0023　東京都北区滝野川7-46-1
振替00160-5-151318　電話03（5907）6640
ご注文窓口　電話03（5907）6668
＊検印省略　組版所　株　式　会　社　明　昌　堂



Printed in Japan　ISBN978-4-18-889625-9
もれなくクーポンがもらえる！読者アンケートはこちらから
→